知的生きかた文庫

人生の迷いが消える　易経

小田全宏

三笠書房

はじめに

陽転易学——迷いから抜け出し、困難を克服し、理想の人生を歩む指針

「易」というと、易者が筮竹《ぜいちく》をジャラジャラとやって、「あなたの未来は……」と占う姿を思い浮かべる人は多いでしょう。

たしかに、易には占いとしての側面があります。しかし、易の本質とは、「当たるも八卦《はっけ》、当たらぬも八卦」というような浅薄なものではありません。星座占いなども、まったく次元の違うものなのです。

『易経』は「四書五経」の筆頭として、孔子が最も重んじたことで知られています。

「五十にして易を学べばもって大過なかるべし」

孔子がそう伝えたように、易を学ぶと人生の中に、何ともいえないゆとりを感じ、**「どんなことが起きても大丈夫」という不思議な確信**が生まれてきます。それは味わった者にしかわからない感覚ともいえます。

易を学ぶ過程で、自分自身との深い対話をすることになります。その中で、あなた

には思いあたることが必ずあるはずです。易が伝えるメッセージに虚心坦懐に心を向ければ、自分の人生航路に納得したり、新たな船出をすることができるようになるでしょう。

私はいわゆる易者ではありません。人間教育に長年携わってはいますが、どちらかというと、あまり占いなどは信じないほうの人間です。しかし、不思議な縁で易を学び、**「陽転易学」**という形で、易をわかりやすく伝える活動をしています。

本書の最大のテーマは「自分で運命を切り拓き、思い通りの人生を実現するために、易学の深遠な知恵を最大限に活かす」ところにあります。

本書を何度も何度も熟読していただくと同時に、実際に易を人生に役立てていただきたいと思います。必ずや、さまざまな**迷いから抜け出し、困難を克服し、理想の人生を歩むための明確な指針が得られる**ことと私は確信しています。

あなたの人生が「陽転易学」により、大きく開かれていくことを、心から願ってやみません。

小田全宏

もくじ

1章 なぜ、易を学べば「人生に大過なし」か？

2章 易の基本――「陰陽」とは何か、「八卦」とは何か

3章 易の実践——「六四卦」であらゆる問題が解決する

終章

易が教える開運十徳

1章

なぜ、易を学べば「人生に大過なし」か？

孔子はなぜ「易」を最も重視したのか？

本書では、易学についてその実践的なあり方について述べていきますが、まずは、易学の歴史について簡単におさらいしていきます。

易学は誰が創始したかといえば、それはよくわかっていません。中国の歴史のはるか昔の王朝には伏犠（ふくぎ・ふっき）という頭こそ人間だけれども、体は蛇といわれている伝説上の皇帝がいたそうです。この伏犠が易の元である**陰陽**と**八卦**（はっけ・はっか）を生み出したといわれています。

その八卦をもとにして周の文王《ぶんおう》とその子どもの周公《しゅうこう》が**六四卦**《ろくじゅうしけ(か)》を体系化しました。文王は殷の暴君紂王《ちゅうおう》に捕まり、幽閉された牢獄でこの易経を書き記したという伝説が残っています。そして、孔子がそれを完成させたと一般的にいわれています。

「孔子晩にして易を喜《この》み韋編三絶《いへんさんぜつ》す」（孔子は晩年になって易を学び、何度も本を読んだため、本を閉じるひもが3回も切れた）というのは、**孔子がいかに易に傾倒していたか**がわかる記述だといえます。

それが、やがて次第に人々に広まり、人々の普通の暮らしの中に溶け込んでいったのでしょう。日本でも江戸期には、易占《えきせん》という形で広まり、生活上の禍福《かふく》を占っていたようです。

東洋学の泰斗《たいと》といわれた安岡正篤《やすおかまさひろ》先生をご存じの方も多いと思います。戦前・戦中・戦後を通じて日本の各界のリーダーたちを指導された大学者であり、あの終戦の天皇陛下の詔勅《しょうちょく》に筆を入れられた方としても知られています。また、もっと身近なことでいえば、「平成」という元号を発案されたのも先生だといわれています。

この安岡先生が、「人はある一定の年齢になったら『易』を学ぶべきである。そうすると世の中の流れや、自分の運命がはっきりと見えてくる」と語っておられました。また、儒教の祖である孔子も「吾に数年を加し、五十にして**易を学べばもって大過なかるべし**」と伝え、「四書五経」の筆頭に『易経』をあげて、真理探究の根本原理にしていたことからも、いかに易が重要な思想であったかがうかがえます。

「易が難しい」と言われる理由

しかし、易と聞くと、どうしても私たちはよく目にする占いを思い浮かべがちです。また反対に、安岡先生の『易学入門』(明徳出版社)などを手に取ろうものなら、その内容の難解さから、数ページで挫折してしまう人が続出しているのも無理はありません。

私の知り合いにも易を10年以上やっている人がいますが、「易は難しいですね。やればやるほど奥が深くて……」と語っていました。しかし、よくよく聞いていると、どうも易経の言葉の字句にとらわれすぎていたりするのです。それではいくらやっても迷路に迷い込む危険性があるように私には感じられました。

易経の文言をいくらひねくりまわしても、時代の変化によって、その真意は伝わりづらくなり、結果、現代にはそぐわない形となってしまうからです。

古代においては、易は戦においての戦略に用いられており、もし易の判断が間違って負ければ、責任を追及されてしまうわけですから、軍師は命がけの業だったといえます。それを現代社会に適合させようとすれば、無理が生じるのは当たり前のことです。

そのため、本書で説く「易学」は、**解読が難しい易を実践的かつ初心者においても容易に体得できる**ように組み立てています。

易学の専門家からみれば、ずいぶんと乱暴な議論を展開しているところがあるかもしれません。しかし、どんなに深遠な思想であっても、それが生身の人生を照らし出し、役立つものでなければ、全く意味はないと私は思います。そのため、私はこの易学を巷間《こうかん》伝えられている易学と区別するために「**陽転易学**」と名づけ、本書でわかりやすく紹介していくつもりです。

「占い」と「易」とは、何が違うのか？

易といえば、一般的に占いと同義語に捉えている人も多いことでしょう。「占い」としての易は「象数易《しょうすうえき》」と呼ばれています。

それに対し、易というものを、世の中の動きを理解するための大きな自然法則として捉える考え方があり、それは「義理易《ぎりえき》」と呼ばれているものを指します。よく「真の易者は占わない」といわれますが、物事の真理を極めた人は、いちいち易を立てて占わなくても、未来を的確に予測予言できるからです。

しかし、それほどの神のような慧眼《けいがん》を持った人がどれくらいいるでしょうか。私たち凡夫《ぼんぷ》は日々の生活の中で、ああでもないこうでもないと道に迷いながら生きているのであって、そう易々と未来を見通すことなどできるものではありません。その意味では易というものが、私たちが**進むべき道の先に光る松明《たいまつ》**となれば、それはそれで良しではないでしょうか。

「運命」と「宿命」について考えてみよう

よく私たちは「運命的な出会い」とか「それがあなたの運命だ」という言い方をします。この運命という言葉の響きの中には「あらかじめ人間の意志を超えて決められていること」という意味が込められているのではないでしょうか。

しかし、私たちの人生の中で何が最初から決められていて、何が決められていないのか――この線引きをすることは簡単ではありません。「なぜ自分にはこういう状態で生を受けたのか?」といくら問うたとしても、それに対する明確な答えは出てこないでしょう。

哲学者のハイデガーは『実存哲学』の中で「人間は被投的《ひとうてき》存在である」と語っています。つまり、人は気がついたら、なんだかよくわかないけれど、この世の中に放り込まれている存在だというのです。**自分の意志や力とは無関係に決定されているもの**。これが「**宿命**《しゅくめい》」と呼ばれるものなのです。私たちがこの世に生を受けるというのはどう考えても、自分の意識の範疇《はんちゅう》にはありません。あらかじめ決められているものであるというのが、ハイデガーの考えです。この考え方に近いものが占いと称されるものの中にもあります。干支《えと》・九星《きゅうせい》・算命術《さんめいじゅつ》・紫微斗数《しびとすう》・星占い・西洋占星術・四柱推命《しちゅうすいめい》などです。それらは、その人の生まれから、その人の運命を決定づけようという考え方であり、運命論の主流のひとつを成しています。

つまり、その人が生まれたときには、そのとき固有の宇宙のエネルギーが働いていて、それがその人の人生の運命を決定づけているという考え方です。本書ではこの分野のことは扱いませんが、九星など研究しながら人の運気を判断してみると、決してでたらめだと決めつけられないおもしろい結果が見られるのも事実です。

ただ当たり前のことですが、同日同時間、同じような場所に生まれたからといって同じ人生を送るはずはありません。

以前、四柱推命の大家の先生と話をしたことがあります。その先生は人間の人生は生まれながらにすべて決まっているのだとおっしゃる反面、「生まれも人生を判断するひとつの基準ではあるが、最後はどのように生きるかという人の意識が決定していくのです」ともご説明いただきました。

私も人間の幸不幸が生まれながらに決定しているという考え方には賛同できません。人間の人生は、たとえその**生まれがどうであっても、意識と行動によって形成されるところに、人間の尊厳と価値がある**のであって、生まれによって人の人生が決まるわけではないと私は考えています。

「自分の意志」こそが「自分の主人」

そのことに関して、安岡正篤先生は『陰隲録《いんしつろく》』（袁了凡《えんりようぼん》著）に描かれているおもしろい話を紹介しておられます。

明の時代の話だそうですが、中国に学海《がっかい》という名の少年がいました。家は代々医者の家系でしたが、あるときひとりの不思議な老人が現れ、その少年の未来についていろいろと予言をしました。

その老人によると、学海は医者にはならず、科挙の試験を受けて役人になるというではありませんか。その老人は、科挙で合格する順番も、赴任する場所も、また結婚するときも、最後は死期まで言い残して去っていきました。そして、その後の彼の人生はその老人が予言したとおりに進んでいったのです。あまりの的中率に学海は「人生はあらかじめ決まっているのだ」という強い運命論者になっていきました。

あるとき学海は、雲谷《うんこく》禅師という高名な僧に出会います。雲谷禅師は「君は若いにもかかわらず、悟りを開いているような風情をしている。一体どんな修行をしたのかね」と尋ねました。

学海は「実は幼い頃ある僧に会いました。その僧が私の未来を予言したのですが、それからの人生はことごとくそのようになりました。私は人生があらかじめ決まっているということを知っています。だから何が起こっても全く平然としていられるのです」と答えました。

その答えを聞いて、雲谷禅師は学海を一喝したのです。

「なんだ、お前は悟りを開いた青年だと思っていたが、とんでもない大バカやろうだ。人生が最初から決まっているというのなら、どうして仏陀をはじめとした聖者たちがあれほど道を求めて修行したというのか。それともお前は歴代の聖人賢人よりも優れた人物だとでもいうのか」

学海は頭を殴られたような気分でした。

「**道は心にあり**」――雲谷禅師は学海を諭しました。

「善を積め。それを懸命に行なえ。**善によって運命は変わる**のだ」

その後、学海は禅師の言葉を素直に聞き入れ、懸命に陰徳を積んでいきました。そうするといつしか老人が語った予言がことごとく外れだしたというではありませんか。子どもは生まれないという予言も外れ、一子を授かり、53歳で死ぬと予言されたのにもかかわらず83歳まで生き延びたのです。

学海は自分の名前を袁了凡と改め、人生の教訓を子孫たちに伝えたといいます。これが、『陰隲録』のあらましですが、この物語は私たちの運命は自らの意志で切り開けるという思想を伝えています。そのポイントは「積善《せきぜん》の徳」であり、「積善の家に余慶《よけい》あり」といわれるように、陰徳を積み上げることが、人生の運気を好転させていくという確信を持つ点にあります。

まさに**運命というのは「命を運ぶ」こと**であり、**自分の意志こそが自分の主人**であるということなのでしょう。

しかし、ここで疑問が湧いてきます。この思想を突きつめれば、今不幸に陥っている人は、自分が良きことを行なっていない報いなのであり、「不幸の原因はあなたにある」ということになってしまわないでしょうか。不幸にあったり、事故にあったりする人はみんな「悪を積んだ結果」そうなってしまったのでしょうか。

もちろん、そんなことはありません。どんなに素晴らしい人であっても、不幸に見舞われることはしばしばあります。いやむしろ、自己中心的な人間がのうのうと生きていたりするのが世間というものかもしれません。

どんなに徳を積んだ人でも不幸に見舞われるときには、それを避けることはできないのです。しかし、それらの**不幸をどう見るかで人生は根本的に変わってきます。**

人生の試練とは「天からの贈り物」

幕末の大儒学者に佐藤一斎《さとういっさい》という人がいました。この佐藤一斎の弟子が佐久間象山《さくましょうざん》であり、その弟子が吉田松陰、小林虎三郎です。その他にもたくさんの志士たちが佐久間象山の教えを受けたので、維新回天の元祖みたいな人といってもいいでしょう。

この佐藤一斎は、42歳から82歳までの40年間にわたり、『言志録《げんしろく》』という人生の箴《しん》言《げん》を書き綴っています（『言志録』から始まって全部で4巻となり、『言志四録』といわれています）。

この書は後々まで指導者の書として多くの人々に読み継がれています。そして、この書を熟読し座右の書にした人物に、あの維新の英傑西郷隆盛がいます。

西郷隆盛はご存じのように藩主島津斉彬《しまづなりあきら》の引き立てで活躍しますが、藩主が没したあと、弟の島津久光との折り合いが悪く、沖永良部島《おきのえらぶじま》に幽閉されます。風雨吹きすさぶ掘建て小屋に閉じ込められ数年間の月日を送ることになったのですが、そのとき西郷を支えたのが、この言志録だったのです。言志録で佐藤一斎は、人生の困難について「人生の苦難は天がその人物に大きな役割を負わそうとしているからであって、それを避けるものではない。その苦難が大きければ大きいほど天の役割が大きいのだ」と語っています。

この言葉によって、西郷は自分に降りかかってくる困難に対しても、それを凛々《りんりん》と乗り越えていったのです。

つまり運命の開拓という視点で見たとき、自らの人生をどのように創造していきたいかという積極的な意志と同時に、避けえない人生の不幸や不条理に対し、どのようにそれを受け止め立ち向かっていくのかという2つの心こそが、**運命に対する積極的な態度であり、運命に翻弄されない揺るぎない心を創る**のです。

これこそが、真の運命観でなければなりません。これが「**立命**《りつめい》」というものであり、絶対避けえない「宿命」に対し「自分の命を立てていく根源的な座標軸」の追求こそが運命に対する正しい向きあい方だと私は考えています。運命を悲観したり、反対に根拠のない幸運を期待することなどは、自ら力で運命を創りあげていくことを放棄した姿といえるのです。

なぜ、私たちは「未来を知りたい」と願うのか？

私たちはなぜ未来を知りたいのでしょうか。その理由は、「より良く生きたい」という欲求と、未来への不安があるからです。

人は、易占に際して「この仕事はうまくいくでしょうか」「この結婚はうまくいくでしょうか」「この事業はうまくいくでしょうか」「この病気は治るでしょうか」「この夢は叶うでしょうか」と質問します。

こういう問いを発すること自体は悪いことではありません。しかし、「うまくいくかどうか」という問いの中には「自らがそれをどう成し遂げるか」という意志が含まれていません。

実は「うまくいくかどうか」ということを問う前に、自らが**「どうしたいのか」「どうありたいのか」「何を行なうのか」**ということにこそ、意識を集中して易占に臨むべきであり、その意志こそが未来を決定していくのです。

もし、占断したあなたが大きな運気の流れをつかむことができたとしても、その元にあるのが自らの意識であり、自らの意識が発端となって、善き運が引き寄せられてくると考えなければ、たまたま訪れた運に乗っかっただけとなり、その運が消え去ったときに、あなたには何も残らず、またもや人生の荒波に翻弄されてしまうことになるのです。

易の思想は、どんな運気の流れにおいても悠々と生きていく智慧を教えてくれるものでなければならないのです。

易の本質――「すべては変わり続ける」

易はもともと『易経』に基づいていますが、この書物は、英語で『The Book of Changes』と訳されていることからもわかるように、まさに「**変化の書**」なのです。それが人の運命であっても、時代の流れであっても、固定的に決定されているものだということを教えるものではありません。

易には「三義《さんぎ》」というものがあって、3つの大きな意味が含まれています。まず第一が「**すべては変化する**」という考え方です。あらゆる天地の現象は不断に変化してやまない、永遠に変化するというのが易の思想の根本にあるのです。どんなに隆盛をきわめていても、やがては衰亡の時を迎える。また反対にどんなに苦境に陥っていても、それは必ず脱しうるときに至る――。

一見変化がないように見える現象であっても、時間軸を変えると動きが見えてきます。小学校のとき、理科の教科書か何かに、世界中の五大陸は数億年前にはすべて1つの大きな大陸であり、それが長い年月をかけて分かれたという話が書かれていて、大層驚いたことがあります。普遍に見える現象も一時としてとどまることはないのです。

次に易は**「本質は変わらざるものである」**ことを教えています。水は零度で凍り、100度で沸騰する。夏は暑く、冬は寒い。朝になれば太陽が東の空から昇り、西から昇ることはない。あらゆる現象の中で、いつの時代でも変わらざるものがあり、その普遍のものから物事を判断すると、真理に到達するということを易は教えているのです。その普遍を無視すると、人生はおかしなことになってしまいます。

最後が、**「無限の創造」**。物事は普遍と変化のはざまで動くのですが、宇宙は138億年前ビッグバンによって誕生し、100億年前に銀河系宇宙ができ、およそ46億年前に地球ができ、生命が進化して今日の人類の繁栄に至っています。第一の法則によって「物事が変化する」といっても、「禍福は糾《あざな》える縄のごとし」というように、単に「良いことと悪いことが交互に起こってくる」ということを易は教えているのではなく、その変化が大きな創造へと向かっているというのです。

ならば「死」はどうでしょうか。松下幸之助は「個人の死は最終的な終焉を意味するが、もっと大きな目で見てみると、それもまた生成発展の一ページであると考えられる」といったことを述べています。

あらゆる現象を包みつつ、易はこの「変化」と「普遍」、そして「無限の創造」を大基軸として天地の現象、そして人間世界の運行を把握展開していく思想なのです。

命——「大殺界だから何もしない」は本末転倒

陽転易学に入る前に、運命学と未来予知についてその概略を述べたいと思います。運命学というものは、未来を見通すことが目的ですが、大きく3つに分けられます。

1つめは「**命**《めい》」という分野です。命というのは、先述したように、生まれによってあらかじめ決定されているという考え方です。自分の運命を九星や四柱推命などによって詳細に調べている人はそんなに多くはないと思いますが、「今年は厄年です」と心配するのは、いわゆるこの「命」による未来予測が、いつのまにか、私たちの生活の中に浸透していることを意味しています。

しかし、これらの「命」によって**自分の本来の姿が縛られてしまっては本末転倒**です。

陽転易学を学んだ女性が、「私は幼い頃、祖母から『あんたは、一白水星《いっぱくすいせい》だから運気が弱い。幸せになる力が弱い』といわれ続け、自分は幸せになれないのだと思い込んでいました。でも本当の易学を学んで、それが間違いであることがようやくわかりました」と語っていました。

気をつけなければならないことは、さまざまな「命」の運命学を見てみると、その日に生まれた人の特性が詳細に書かれていますが、良い点と悪い点が両論併記されているという点です。そうすると、人間の意識はどちらかというと、悪い点のほうにフォーカスしてしまいがちになります。たとえば「あなたはいつも人と調和していきたいと願って生きていますが、ときどき寂しくなって孤独を感じることがありますね」

といわれれば、意識は「孤独」にフォーカスされます。「あなたは信念を持って行動をとりますが、ときに頑固になり融通がきかない性格ですね」といわれれば、やはり「頑固」に意識がいってしまうものです。

またこの「命」の運命学の中では、ご丁寧に、「この日に生まれた人に向いている職業は○○です」と就職アドバイスまでしてくれます。もちろん自分が本当にしたい職業が運命学で示された職業に合致していれば万々歳ですが、もし全く違う職業が書かれていたら、心の中にしこりや不安を残すことになります。

これでは自分の未来を縛ってしまうことにならないでしょうか。もし、あなたが今まで何かの運命学を勉強した中で、自分を縛っているフレーズが心の中にあると感じたなら、「それは自分には全くあてはまらない。**自分の人生の主役は自分**であり、**運命学には縛られない全く自由な存在が自分である**」ということを心の中で思念してください。運命学はあくまで自分の良き未来に活かすものでなければならないのです。

先日もある経営者の方が、「実は今年私は大殺界なんですよ。ですから何もしないでじっとしているのです。いろいろ素晴らしい仕事の話も舞い込んできて、事業も大発展するチャンスにも見えるのですが、なんといっても大殺界ですからね。我慢して見過ごしています」とおっしゃいました。私は驚いて、「大殺界だから何もしないというのは、全く違うのではないですか。いや確かに、そんな素晴らしい事業のチャンスをみすみすフイにしているのですから、まさに大殺界ですね」といって、2人で大笑いしたものです。

もちろん、時を選ぶということは重要です。天の時、地の利、人の和というようにタイミングを間違ったら、成るものも成りません。しかしそれはあくまで自分の信念と直感に従うことが前提条件であって、それを「命」のメッセージに委ねるべきではないのです。

「ト」——「占い師の言葉」は信じられる?

次の運命学の分野が「**ト**《ぼく》」。この「ト」は**いわゆる占いのこと**ですが、私たちが正月に神社でひく「おみくじ」もこの「ト」のひとつです。考えてみると、木の入れ物を振って、1本の棒を引き出し、それで自分の運命を判断するというのも、実に非科学的ですが、運命学の中ではよく使われる形です。易による八卦もそうですし、あるいはタロットカードのようなものもそれにあたります。

これなどは、ひとつの象徴的なメッセージを自分の人生における具体的な事象へと読み解かなくてはなりません。おみくじくらいだと、どんな言葉が書かれていても、さして害はありませんが、実際に「ト」による占いで、他人に自分の人生を見てもらうと、メッセージを読み解く人の観念がずいぶんと作用し、その人に悪意があれば、どのようにもコントロールされてしまいます。

私たちがよく「あの人の占いはよく当たる」というとき、**実は会話の中から知らず知らずに情報がとられている**のですが、あたかもその占い師が、最初からあなたの未来を見通しているように感じてしまうのです。

そして相手が欲している情報を察知して、それをうまく伝える占い師が俗にいう人気の占い師になります。

「ト」をして未来を占うというのは、自分自身が本当に進むべき道に迷い、**「ト」の結果どおりに進むという覚悟があるときにのみすべき**であって、「占いでは右に行けといわれたが、本当は左に行きたいんだよね」と思うくらいなら、初めから占いに判断を仰ぐべきではないのです。

「相」――「変えられない」ものは放っておく

3つめは「**相**《そう》」です。「相」というのは、一般的には人相や手相、また家相や墓相のことを指します。あるいは姓名判断というのもこの相の一種でしょうし、また昨今ではオーラ診断などもそれらのひとつに入るのかもしれません。

「相」についての私の見解は、人相など相手を見たときに、気持ちがいいか、居心地が悪いかという**直感的な判断に従っていいのではないか**ということです。そんなに複雑に人相の研究をしなくとも、自分が気持ちよく感じる人とつきあえばいいのです。

江戸時代に水野南北《みずのなんぼく》という人相学の達人がいて、門弟500人を誇ったといいますが、水野南北は、髪結床《かみゆいどこ》で3年、人の顔をじっくり研究し、その後銭湯で3年、三助《さんすけ》をしながら人の体をすみずみまで観察し、その後、火葬場で3年、死人の顔をじっくり眺めながら、人間の運命についての奥義に到達したといいます。

その鍛錬のかいあって、やがて「だまってすわればぴたりと当たる」と人相学の大名人になったというのです。それほどの名人なのに、笑ってしまうのは、この水野南北、自分の運命を見ることには得意でなかったらしく、結婚する度に失敗を重ね、「女はようわからん」といいながら生涯を終えたといわれています。

表情は変えられますが、顔や骨格などは整形しない限り変えられません。そのようなもので自分の未来を決定づけられたらたまったものではありません。変えられない顔かたちではなく、明るい表情づくりに精を出すべきです。

ましてや**手相など、私は人に見せるものではないと思っています**。もちろんまじめに手相を研究しておられる方もいらっしゃるので、すべてを否定するわけではありませんが、手相も自分の力で変えられません。

もし手相を見せて、「これから事故に遭う可能性があるので気をつけてください」といわれたとしたらどうでしょうか。「あなたは交通事故に遭う可能性が高いので、交通事故に遭わないように気をつけて」といわれると、ゴルフで「池ポチャしてはいけない、池ポチャしてはいけない」と思うたびに、ゴルフのボールが池に吸い込まれるように、事故を引き寄せてしまうことにもなりかねません。

「陽転易学」を学んでいる女性のひとりが、昔易者に手相を観てもらい、「あなたは手相の線が細いので、生命エネルギーが弱いですね」といわれたといいます。そんなことを聞いて喜ぶ人がいるでしょうか。

ひどいことをいう人もいるものだと思うのですが、「相」というものについては、誰もそれを否定することはできません。いわれっぱなしなのです。もし、占い師の話を聞いて元気になったり、人生に対し前向きに生きる勇気を得たり、自分の問題が解決するならば、意味があるのですが、ネガティブな想念を植えつけられたり、「運気を良くするために壺を買え」というような、詐欺まがいのことに巻き込まれたら一大事です。もちろん、もし占いによって、その人の心に善き想念が喚起されるなら、それはそれでよいのかもしれません。

人生で磨いていきたいのは「直感力」

このように運命学には、「命」「卜」「相」という3つの分野がありますが、その全体を貫いているのが「インスピレーション」、つまり「**直感力**」です。いくら本を読んで高度な知識に到達しても、やはりこの直感力が弱いと相手を納得させたり、さらには、勇気づけることは難しいのです。

この分野はいかがわしさを感じさせる面を含んでいるので、言葉には気をつけなければならないのですが、思うところを述べたいと思います。

現代社会は、物質万能に見えながら、ある種の**スピリチュアルな世界への傾斜が起こっている**ようにも感じられます。本来、スピリチュアルというのは、WHO（世界保健機関）でも「スピリチュアルな健康」ということが提唱されているくらい、特異なことではなく、一般的な言葉なのですが、どうしてもスピリチュアルというと「目に見えない不思議な世界」と認識されることが少なくありません。

「オーラが見える」「前世が見える」「体の悪い箇所が透視できる」「死者の霊を呼び出せる」「未来が予知できる」「人の運命を変えられる」「神の声が聞こえる」――これらの能力がある人たちの中にも本物もいるのでしょうが、証明もできなければ否定のしようもありません。

しかし稀に本当に不思議な力を持っている人がいることもまた否定しようのない事実です。

あるとき、私の親しい友人が、ハワイにすさまじいサイキックなパワーを持っているベトナム人女性がいるというのでお会いしたことがあります。その際、いくつも事実を言い当てられ驚いたものです。

「あなたは、教えと言葉によって人を導く仕事をしていますね」

(確かに私は人間教育を人生の使命だと思って行なっている)

「あなたはこの数年間、喉の調子が悪いですね。でももう大丈夫」

(この4年ほど喉の調子が悪い。しかしこの2カ月は調子が良い)

「あなたの家には、白い小さな犬を飼っていますね」

(家には白いプードルがいる)

「あなたのお父さんは、10年前に崖から落ちて背中を大けがして歩くのが大変ですね」(今から10年前に川岸の崖から父が落ち、大けがをして大手術を受け今も歩行は困難である)

この方とのセッションの裏には、私がわからない種や仕掛けが隠されているのかもしれません。

しかし、起こっている現象を素直に考察してみると、この方が、普通の人間には見えない世界が当たり前のように見えて、その見えている情報を正直に伝えているだけだとも考えられるのです。

私たちは、毎日インターネット等を駆使して超人のような能力を手にしているともいえます。しかし、パソコンやスマートフォンの存在を知らない古代に生きる人々に、この空間に無限の情報が詰まった電波が飛び交っている事実を証明することはできません。

同じように、私にはその能力がないからといって、特殊能力を持っている人のことを頭から否定することもできないのではないでしょうか……。

運命学は、書物の中に答えがあるのではなく、**もっと深遠な情報系にアクセスするひとつの手段**であると考えるべきではないか。そんなことをハワイでのセッションから感じたものです。

しかし、このことで私が今後、人生で何かに行き詰まったとき、この方に自分の人生の未来を見てもらいたいかといえば、答えは「否」です。なぜなら、天地の法則に即するならば、私たちの意識は未来がわからないように創られているものであり、そういう特別な人の特殊能力に頼るというのは、人生のカンニングをしているようなものかもしれないからです。

そのため、私が人生で研ぎ澄まし、磨いていくべきなのは、自分の中にある直感力であろうし、もっというならば、どんな運命が自分の人生に待ち構えていたとしても、それを凜々と生きていく心構えではないでしょうか。

「意味のある偶然の一致」現象を信じる

前述のとおり、易の本質は「変化」にあります。つまり、**人生の課題に対して、今この瞬間にその答えを導くことがその本質**といえるのです。

易というと大道易者が筮竹《ぜいちく》で、「えいっ」とかけ声もろとも、「卦」を出す風景が思い起こされますが、なぜ、その「卦」が人の運命を言い表しているのでしょうか。

易経に関する書物の中に、卦を立てるときに、「易神」という天地宇宙を創造した神がその人の運命に対しメッセージを送るというようなことが書いてあることがあります。しかし、いくらなんでも宇宙創世の神がわざわざ私ごときのためにこのこと出てくるとは思えません。

もっと納得できる考え方はないのでしょうか。

私はこの易を行なうときに参考になるのが、カール・グスタフ・ユングの「集合的無意識理論」であると考えています。

人間の意識には、顕在意識の奥に潜在意識があるとされていますが、ユングは、その人間の精神の奥に、一人ひとり個人の意識を包含したもっともっと広大な集合的無意識があると考えました。民族としての集合的無意識、人類としての集合的無意識、またそれを超越した生命体としての集合的無意識もあれば、もっといえば地球としての集合的無意識もあるというのです。

地球そのものをひとつの生命体として考える思考のことを「ガイア仮説」といいます。このガイアというのはギリシャ神話にでてくる天地を包含した女神のことをさすらしいのですが、この地球という生命体そのものがあらゆる時代を超越した情報と記憶を持っているというのです。

確かにひとつの生命体は、他の無数の生命体と無限の連鎖をしている以上、それらが共通の意志場を持っていたとしても、考え方としては否定はできません。

しかし、それらを日常私たちが意識することはありません。ただもっと卑近な感覚でいえば、ふとしたときに起こる「**不思議な意味のある偶然の一致**」現象がそれに近いのかもしれません。

たとえば、こんなことはないでしょうか。「あの人はどうしているかなあ」とふと思ったところ、ばったりと道ばたで出会ったとか、何かの情報を探していたところ、ふとしたきっかけでそれが見つかったりとか……。

これらの現象は俗に「**シンクロニシティ**」と呼ばれ、スピリチュアル系の人たちの間では「シンクロが起きた」と表現されています。

このシンクロ現象は起きない人には、全くわからない感覚です。

しかし、シンクロ現象が起き始めると、実に頻繁に起こるものです。

京セラ創業者の稲盛和夫氏は生前、このシンクロ現象についてこんなことをおっしゃっていました。

稲盛氏が新しい事業に取り組んでいたとき、どうしてもある知識と技能を持った人間が必要だったそうです。そんな折、学校の同窓会が開催されることを知り、ふと出てみようと思い、出かけていきました。そして料理を皿に盛っているときに、ひとりの同級生と出会いました。学生時代は大して仲が良かったわけではなかったらしいのですが、ふと「君は今どんな仕事をしているの」と聞いたところ、まさに稲盛氏が欲しい情報をその彼が持っていることが判明。その場で一緒に仕事をすることになったというのです。稲盛氏は「懸命に仕事に取り組んでいると、どこかでその思いが広がり、必要な情報を呼び込んでくるような気がする」と語っていらっしゃいました。

もちろん、これらのシンクロニシティ現象に対し、それを「そんなものは単なる偶然さ」と言い切ることもできます。しかし、それを偶然と切り捨ててしまうにはあまりにもよくできすぎていることが少なくありません。

どんな原理かわからずとも、何らかの意思が、もっと大きな意識の海に感応して、ある情報を引き寄せたと考えるのが、シンクロニシティ現象のひとつの解釈ともいえるのです。

これを易に転写させて考えれば、確かにその場で出た「卦」は偶然の産物でしかないのですが、その中に、**自分自身思いあたる何らかの意味を見いだしたとしたら、それはもはや偶然とはいえない**のかもしれません。

これから易学の原理に入っていきますが、そのバックボーンをこのシンクロ現象が支えているという確信がなければ、易全体が全く荒唐無稽な話になってしまいますし、また、出た卦から集合的無意識のメッセージを読み取るインスピレーションがなければ、かえってその文言によって自分の意識を縛ってしまうことになります。

ですから、私自身はもちろん、読者の方々にも心して取り組んでいただきたいと思います。

2章

易の基本

――「陰陽」とは何か、「八卦」とは何か

「陰きわまれば陽に転じ、陽きわまれば陰に転ず」

さて、いよいよ易の世界観に入っていきますが、易の本質は「**陰陽**」です。易では森羅万象の最も根源にあるのが「太極《たいきょく》」と考え、それは、まだ、何も生まれていない宇宙の始原と考えてもよいものです（ビッグバン以前の宇宙と捉えてもよいでしょうし、老荘思想における「道〈ＴＡＯ〉」と表現してもよいでしょう）。そこから陰と陽が生まれるというのが易の世界観なのです。

「昼と夜」「天と地」「男と女」「大と小」「拡大と縮小」「高い低い」「成功と失敗」「出会いと別れ」「愛と憎しみ」「生と死」——陰と陽を考えると、このように２つの対極の概念が無数にでてきます。易では、それらが絡まって世界が構成されていると考えるのです。

陰と陽といえば、「人間万事塞翁《さいおう》が馬」の話が思いだされます。ご存じの方も多いと思いますが、これは『淮南子《えなんじ》』に書かれている故事です。この人間というのは私たちがいう「人間」ではなくて「じんかん」と読み、いわゆる「世間」のことをさしています。また塞翁というのは「城壁の中に住む老人」という意味です。

ざっとあらすじをいうと、あるとき、老人が飼っていた馬が逃げ出したのですが、老人は嘆き悲しむことなく、「このことが幸福につながるかもしれないよ」といいました。するとなんと、しばらくしてその逃げ出した馬がたくさんの馬をひきつれて帰ってきたのです。しかし、老人は、「このことが不幸につながるかもしれないよ」といいました。

そしてある日、老人の息子がその馬の背に乗り遊んでいたところ、馬から落ちて足の骨を折って歩けなくなってしまったのです。

その後、老人が住む国と隣の国が戦争を起こすことになりました。ところが、その老人の息子は歩けなかったばかりに、兵隊にとられることはなかったのです。

この故事から学ぶべきは、「**禍福は糾《あざな》える縄のごとし**」、「幸福」と「不幸」、「成功」と「失敗」は交替にやってきて、予測がつくものではないということなのでしょう。

では、易が教える陰陽の思想も「人生良いこともあれば、悪いこともある」というある種の人生に対する諦観なのでしょうか。

そうではありません。

確かに人生には良いこともあれば悪いこともあります。いくら悪いことが起こらないでほしいと願っていても悪いことは次々と起こるものです。

お釈迦さんは、人生の中に無明《むみよう》というものがあり、それが人間の苦しみを引き起こしていると語りました。

「四苦《しく》八苦《はつく》」という言葉がありますが、四苦とは「生老病死」を指しています。さらに八苦はこの四苦と合わせて、「愛別離苦《あいべつりく》」「怨憎会苦《おんぞうえく》」「求不得苦《ぐふとくく》」「五蘊盛苦《ごうんじようく》」の4つの苦しみを指します。これは「愛する人とも別れなくてはならない苦しみ」「嫌いな人間とも会わなくてはならない苦しみ」「求めても得られない苦しみ」「社会への怒り」のことです。

これらの苦しみから完全に逃れることができる人間は存在しません。まさに人間はある意味「苦海」に生きているといえるのです。

しかし、こういう苦に耐えていると、そのうち良いこともあるから悲観するなよというメッセージだけが「陰陽思想」の根底にあるのではないのです。

私はこの「陰陽思想」を象徴的に表しているのが、あのアップルの創業者であるスティーブ・ジョブズが、2005年にスタンフォード大学の卒業生相手にした伝説のスピーチであると考えています。

スティーブ・ジョブズは私生児として生まれ、大学も中退。そして自分が創ったアップルを30歳のときに追い出され、晩年にはガンの宣告も受けています。

しかし、彼はいいます。大学を中退したからこそ、後のアップルの基礎となる芸術的思考が身についたと。そして自分が創った会社から追い出されたことで、さらに飛躍するための起業、技術の開発ができたと。また、病に冒されたからこそ、人生の深遠に到達することができたと。

それら一つひとつの出来事は、ジョブズにとって全体としての意味を持っていたのです。つまり、ジョブズ自身「**点と点をつなげる**」と表現しているように、一見つらく苦しい出来事、たとえば、貧しさや退学という事実も、振り返ってみると、人生における糧となっているということです。そしてジョブズは、今ではあまりにも有名になった「ハングリーであれ、愚かであれ」という言葉でスピーチを締めくくりました。**自分自身を信じて進め**ということを伝えたかったのだと思います。

私は易学的思考のエッセンスがここにあると思っています。

確かに、人生何事もなく平坦につつがなく生きられればそれはそれで楽しいでしょう。しかし、人生においては必ず非なるものが現れ、私たちを苦しめます。しかし、だからこそ次の幸福が大きく現れると考えるのが、易の思想なのです。

したがって、易の思想においては、いわゆる「陰」を排除しません。むしろ**真実は「陰」の中から生み出される**と考えます。世界が「陽」だけで構成されているとは決して考えないのです。

「陽転易学」においては、「**人生に起こるあらゆる出来事を、あるがままに受け止め、ベストを尽くして生きる**」ということが基本の哲学としてそのバックボーンにあるのです。

易においては、この陰陽をさらに分けて考えます。

「易有太極、是生両儀、両儀生四象、四象生八卦」といい、陽の中にも陰と陽があり、陰の中にも陽と陰がある、そしてそれらの中にもまた陽と陰があると考えるのです。

そうすると全体像としては左ページの「**八卦の過程図**」のようになります。

易では陽を「⚊」で表し、陰を「⚋」で表します。この陰と陽を下から3つ積み重ねると、1つの卦になります。

八卦の過程図

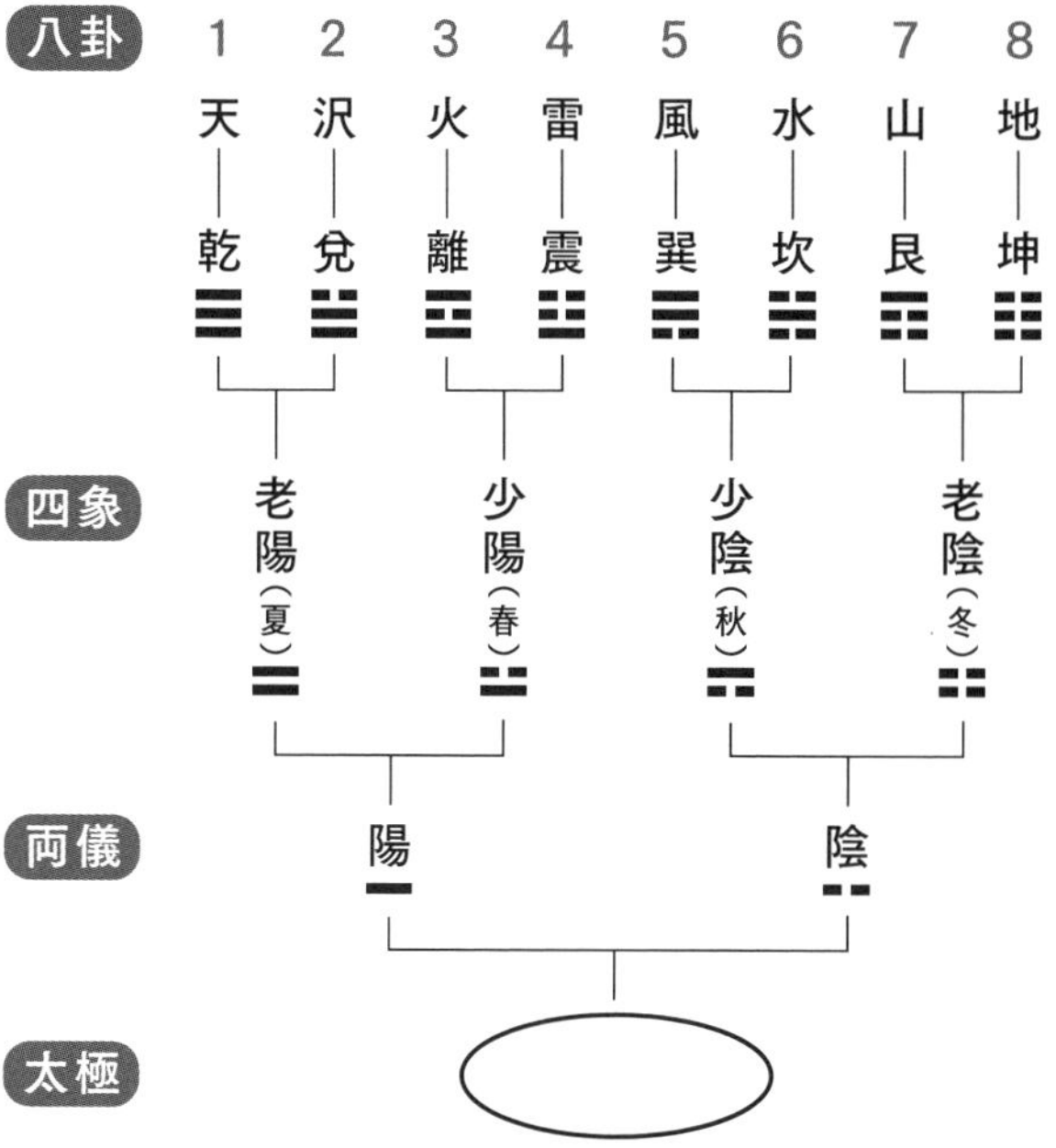

「易に太極あり。是れ両儀を生ず。両儀四象を生ず。四象八卦を生ず」

太極《たいきょく》 天地が陰陽に分かれない、混合体を意味している。易はこれを基本として始まっている。

両儀《りょうぎ》 太極の裏表で、陰陽のこと。（陽、陰）

四象《ししょう》 陰と陽の分子。（老陽、少陽、少陰、老陰）

八卦《はっけ》 森羅万象を、この8つの卦に見立てている。少成卦ともいう。（乾、兌、離、震、巽、坎、艮、坤）

たとえば「☰」を「乾《けん》」または「天《てん》」、「☱」を「兌《だ》」または「沢《たく》」、「☲」を「離《り》」または「火《か》」と呼ぶのです。

この陰陽3つの組み合わせで卦は8つになります。リズム良く「天沢火雷風水山地《てんたくからいふうすいさんち》」と何度か口に出してみてください。

この8つが「八卦（はっけ・はっか）」なのです。相撲をとるときに「はっけよい」と行司が声を出しますが、これも「八卦良い」から来ているそうです。

易による占い師のことを八卦《はっけ》見《み》というので、読み方は「はっけ」でよいのですが、「はっか」というのが正しいという考え方もあります。よく考えて見れば中国語読みでは「け」でも「か」でもないだろうから、どっちでもよいのです。一応この本では「け」と読むことにします。

「八卦」――森羅万象はこの8つで表せる

では次に「八卦」について解説していきます。

八卦の中で基本となるのが「乾」＝「天」と「坤」＝「地」です。天が陽の極であり、地が陰の極。先述したように陰が悪いわけではなく、私たちの世界はこの陽と陰の狭間で展開しているのです。

この乾（天）と坤（地）、そしてその二極の間に生じるさまざまな陰陽の変化を、易では乾・兌・離・震・巽・坎・艮・坤の八卦で表現し、それぞれのエネルギーにふさわしい自然現象をあてはめています。

それぞれの卦がどのような意味をシンボリックに持っているのか味わってみてください（左の「**八卦表**」参照）。

これら八卦が2つ重なると、8×8で64通りの卦ができます。この64の卦を総合して大成卦《たいせいけ》といいます（54ページの「**六四卦索引表**」参照）。

八卦表

自然現象	呼称	八卦
天《てん》	乾《けん》	☰
沢《たく》	兌《だ》	☱
火《か》	離《り》	☲
雷《らい》	震《しん》	☳
風《ふう》	巽《そん》	☴
水《すい》	坎《かん》	☵
山《さん》	艮《ごん》	☶
地《ち》	坤《こん》	☷

これらを表すのには、筮竹《ぜいちく》で占断するのが正式ですが、原理が一緒のものなら、もっと簡便なものでも十分に易のインスピレーションを受けることができます。

六四卦索引表

火 ☲	沢 ☱	天 ☰	上の卦／下の卦
14	43	1	天 ☰
火《か》天《てん》大《たい》有《ゆう》	沢《たく》天《てん》夬《かい》	乾《けん》為《い》天《てん》	
38	58	10	沢 ☱
火《か》沢《たく》睽《けい》	兌《だ》為《い》沢《たく》	天《てん》沢《たく》履《り》	
30	49	13	火 ☲
離《り》為《い》火《か》	沢《たく》火《か》革《かく》	天《てん》火《か》同人《どうじん》	
21	17	25	雷 ☳
火《か》雷《らい》噬《ぜい》嗑《こう》	沢《たく》雷《らい》随《ずい》	天《てん》雷《らい》无《む》妄《ぼう》	
50	28	44	風 ☴
火《か》風《ふう》鼎《てい》	沢《たく》風《ふう》大《たい》過《か》	天《てん》風《ぷう》姤《こう》	
64	47	6	水 ☵
火《か》水《すい》未《び》済《せい》	沢《たく》水《すい》困《こん》	天《てん》水《すい》訟《しよう》	
56	31	33	山 ☶
火《か》山《ざん》旅《りよ》	沢《たく》山《さん》咸《かん》	天《てん》山《ざん》遯《とん》	
35	45	12	地 ☷
火《か》地《ち》晋《しん》	沢《たく》地《ち》萃《すい》	天《てん》地《ち》否《ひ》	

地 ☷	山 ☶	水 ☵	風 ☴	雷 ☳
11	26	5	9	34
地《ち》天《てん》泰《たい》	山《さん》天《てん》大《たい》畜《ちく》	水《すい》天《てん》需《じゅ》	風《ふう》天《てん》小《しょう》畜《ちく》	雷《らい》天《てん》大《たい》壮《そう》
19	41	60	61	54
地《ち》沢《たく》臨《りん》	山《さん》沢《たく》損《そん》	水《すい》沢《たく》節《せつ》	風《ふう》沢《たく》中《ちゅう》孚《ふ》	雷《らい》沢《たく》帰《き》妹《まい》
36	22	63	37	55
地《ち》火《か》明《めい》夷《い》	山《さん》火《か》賁《ひ》	水《すい》火《か》既《き》済《せい》	風《ふう》火《か》家《か》人《じん》	雷《らい》火《か》豊《ほう》
24	27	3	42	51
地《ち》雷《らい》復《ふく》	山《さん》雷《らい》頤《い》	水《すい》雷《らい》屯《ちゅん》	風《ふう》雷《らい》益《えき》	震《しん》為《い》雷《らい》
46	18	48	57	32
地《ち》風《ふう》升《しょう》	山《さん》風《ぷう》蠱《こ》	水《すい》風《ふう》井《せい》	巽《そん》為《い》風《ふう》	雷《らい》風《ふう》恒《こう》
7	4	29	59	40
地《ち》水《すい》師《し》	山《さん》水《すい》蒙《もう》	坎《かん》為《い》水《すい》	風《ふう》水《すい》渙《かん》	雷《らい》水《すい》解《かい》
15	52	39	53	62
地《ち》山《ざん》謙《けん》	艮《ごん》為《い》山《さん》	水《すい》山《ざん》蹇《けん》	風《ふう》山《ざん》漸《ぜん》	雷《らい》山《ざん》小《しょう》過《か》
2	23	8	20	16
坤《こん》為《い》地《ち》	山《さん》地《ち》剥《はく》	水《すい》地《ち》比《ひ》	風《ふう》地《ち》観《かん》	雷《らい》地《ち》予《よ》

筮竹以外にも八面サイコロだったり、硬貨を使う方法があります。本書では誰でもすぐにできる硬貨を使う方法を紹介します。

用意するものは**100円玉が5枚と10円玉が1枚（詳細は75ページ）**。

これから行なう易は、そもそも科学的なものを超越したものですので、疑いながら行なってしまえば、全く意味をなしません。ですから、真摯に行ない、これからあなたが行く方向性に対し、必ず意味のある道を指し示してくれる、そういう気持ちで方法論を完全にマスターして、役に立てていただきたいと思います。

「陽転易学」で人生の問題を解決し、多くの喜びを味わおう

一般に占いというと、何かが「うまくいくのかどうか」を聞くというのが相場で、うまくいきそうならば「やろう」ということになり、うまくいきそうになければ「やめよう」ということになります。

しかしよくよく考えてみると、本当に自分にとってうまくいきそうで楽しそうなことを占いなどで判断するでしょうか。

あなたがもし前々からハワイに行きたかったとしましょう。そうしたところ、たまたま商店街の福引きでハワイ豪華旅行6日間の旅、ペアでご招待という特別1等賞が当たりました。そしてうまい具合に仕事も休みがとれそうです。そして体調もばっちり。

そんなときに「あっ、そうだ！　易でこの旅行がうまくいくかどうか占わなければ！」と思う人がいるでしょうか。

おそらく、そんなことは全く思わないでしょうし、ただただ喜んでハワイ旅行に行くはずです。

つまり私たちが何か未来を知りたいと思っているときは、広義の意味で、「迷い」や「不安」が心の中にあるときなのです。

とするなら、まず私たちがすべきは、自分の心の中に「迷い」や「不安」があるのか、それを静かに見つめなおすことです。

そして易占よりもまずは、現実世界において、解決しうるものは解決すべきであると私は考えます。仕事でもなんでも、**まず自分がそれを「したい」のかどうか、それを自分の心に問うべき**なのです。

かつて船井総研の故船井幸雄会長からこんなことを聞いたことがあります。船井会長が経営者から新事業の相談を受けたときに、次の4つの質問に対してその経営者が「イエス」と答えたら、その事業に対してゴーサインを出したというのです。

①あなたはその事業を本当にやりたいか?
②あなたはその事業を成功させる自信があるか?
③あなたのその事業で多くの人に喜びを与えることができるか?
④あなたはもし失敗した場合でも自分ひとりで責任を負えるか?

いかがでしょうか。もしこの4つの設問に対し「イエス」と答えることができたら、易など見なくてもことを進めるべきですし、1つでも「ノー」があれば、うまくいかない可能性が高いといえるでしょう。

もし、これらの問いを経ることなく、その事業の成否を易で見ようと考えるのは、厳しい言い方ではありますが、「横着」な態度といわれてもしかたがありません。

易の勉強会では、「今日の野球の試合はどちらが勝つのか」を易で占ってみることなどを、あくまでも練習として行なうことはあります。そうして、「当たった」とか「外れた」といって、ワイワイやっています。これも単なる遊びとして割りきっているのなら、いちいち目くじら立てることではありません。

しかし、**「当たった」「外れた」というのは易の本質ではありません**。

たとえば、今日野球が4試合あったとしましょう。そうすると易でそれを占った場合、全くのあてずっぽうであったとしても、16通りしかありませんから、16人に1人は全試合の勝ち負けが当たるという勘定になります。

それで予言が当たったといって騒いでも、一体どういう意味があるのでしょうか。ただ当てるのなら、サッカーワールドカップ南アフリカ大会で予言して8試合すべての勝敗を当てた蛸《たこ》のパウル君のほうが私たちより優れており、いくら人間が予想して勝敗を当てたところでパウル君には勝てないのです。

ですから、私たちが問うべきは「勝つか負けるか」「うまくいくかいかないか」ではなく、**「どうしたいのか」という心の座標軸**なのです。

つまり、もしあなたが、それをどうしてもやりたいと思うのなら、「どういう心構えで取り組んだら、より満足のいく結果にたどり着けるのか」という自身の強い思いにこそ目を向けるべきなのです。

またもし、あなたがそれに対して「やろうか、やめておこうか」と悩んでいるとするなら、自分の努力で解決すべき問題や疑問はすべて解消したうえで、さらにそれでも答えが出てこない場合に、この易のメッセージによる判断に従うのもいいでしょう。そうすると、易のメッセージがインスピレーションを生み出し、道が開けていくのです。

「陽転易学」は「当たるも八卦、当たらぬも八卦」というような出たとこ勝負の発想ではなく、これからあなたが取り組む課題に対して、明確で納得できる行動基準を提供するものでなくてはなりません。

そういった意味で、「陽転易学」は、生きた人間学といえるのです。この陽転易学によって、時代の変遷を理解し、未来を見通すための力を養うことも可能です。しかし、最も大切なことは、あなたがこれから取り組む**人生の諸課題が解決され、人生の喜びをより多く体験すること**に他なりません。いかなる卦が出ようとも、それを素直に受け止めて善意に解釈し、人生を好転させていく。

そのためにこそ「陽転易学」はあるのです。

占うべきもの、占うべきではないもの

占的《せんてき》というのは、易によって何を占うのかということです。この**占的はより具体的であればあるほどいい**と私は考えています。

ですから、「これからの私の人生はどうなるでしょうか」とか「今度の仕事はうまくいくでしょうか」というような聞き方をしても、あまり意味がありません。そして、意味がないどころか、害になる場合もあるので注意が必要です。せっかく「やろう」と思っていたときに、いわゆる「凶」的な卦がでたら、誰でもがっくりしてしまいます。これでは成るものも成りません。

では、どう聞くべきなのでしょうか。陽転易学的には、「私はこれから○○のことに取り組みたいと思っている。そして満足のいく結果を出したいと思う。そのために自分はどのような心構えでこれを実行していったらよいか」と問うのが、良い問い方

です。つまり、**「私が何かをするための」立命の易**でなければならないのです。

また、もし、あなたがあることを「やろうか、やめようか」思案していたとしましょう。そのときには、現実的な調査を徹底的に行なったうえで、易のメッセージから「やろうか、やめようか」を判断するのです。

未来は誰にもわからないからこそ迷うのですが、一番駄目なのは、右に進みながらも「本当は左に行ったほうがよかったのではないか」と心の中で思うことです。決断というのは、右に進むか左に進むかということを決めることではなく、右に行くと決めたときに心の中で左に行く道を決然と切り落とすことなのです。そうすることによって、右の道における活路が開けていくのです。

どのような結果になっても後悔しないという覚悟を決めることです。そのうえで判断を易に求めることは十分意味があるといえます。

ひとつの占断は「一期一会」

たかが占い、されど占いなのです。自分に都合の良い卦が出るまで、何度でも卦を出すというのは、この卦の世界を侮辱することになります。

易は、昔であればそれこそ戦争に用いられ、一国の興亡が決するほど命懸けのものでした。無論現代における易は命をかけるというような代物ではありません。

しかし、自己の内面と真摯に向きあい、自身の運命の明暗を高次のインスピレーションに委ねようとしているときに、ひとつの課題に対して、占断を何度も行なうことはナンセンスです。

もちろん同じ課題に対して、その問い方を変えるなら、さらなる占断は可能です。しかし、あくまでも、**ひとつの占断は1回であり、「一期《いちご》一会《いちえ》」**であることを肝に銘じておきたいものです。ただし、易は変化するものなので、自分を取り巻く状態が変化したときに、同じ課題で占断することは問題ありません。

もし、「凶」が出たらどう考えればいい？

六四卦を考察すると、やはりその中にはいわゆる「吉」と判断できる卦と、「凶」と判断できる卦が存在しています。

「沢水困《たくすいこん》」という卦を見ると、「困る」という文字が入っていることは一目瞭然です。あまり良い感じの卦ではないことはすぐに推察できます。

反対に「地天泰《ちてんたい》」とか「雷天大壮《らいてんたいそう》」などは卦の意味を知らなくても、なんとなくおめでたい感じを受けるのではないでしょうか。

普通、占いで「凶」が出ると気分は良くありません。

しかし「陽転易学」が教えるところは、もし今絶好調であった場合にも、「慢心すると今の運気は雲散霧消するぞ」という警告です。

反対に苦しいときが到来している際には、「その苦しさを見つめ、耐えていくと、必ず光が差してくるぞ」ということを教えてくれるのです。決して未来を固定的に占うわけではありません。

八卦から読み取れる意味

易を実践するときに、大切なことは文字にとらわれてはならないということです。

八卦の神髄はそのシンボル性にあります。**シンボルであるからその解釈は無限にある**

とも考えられます。したがって、まずその一つひとつの根源的な意味を把握することが先決です。

易経の「繫辞伝《けいじでん》」の中には、

「書は言を尽くさず、言は意を尽くさず。然らば聖人の意は、其れ見るべからざるか」とあります。

書物によって言葉をすべて言い尽くすことはできないし、言葉をいくら述べても、真の意味に到達することはできない。ということは聖人が語る言葉の真意を、私たちは知ることはできないことをこの言葉は意味するのでしょうか。

一方、「繫辞伝」には「聖人、象《しょう》をたてて以て意を尽くす」ともあります。つまり、聖人はこの八卦の象によって、すべての意を尽くしているのだというのです。

これから八卦の象について、その根本をご説明していきますが、実はこの八卦の象を説明し始めると、無限に枝葉が分かれ、煩雑になっていき、迷路に入り込んでいく可能性があります。これではまさに繫辞伝で危惧されているとおり、言葉の罠に入ってしまいかねません。

今回は、まずその根本である3つの陰陽の関係性と、それが表す最もシンボリックな自然現象、そしてその**1つの卦が表す本質的な性質＝卦《け》徳《とく》**のみを伝えたいと思います。

易を専門に行なっている人から見れば、いささか乱暴に見えるかもしれませんが、実際に**入門者にとっては、必要にして十分な情報**であるばかりか、易を長年やっている人にとっても、より明確に卦を理解できるようになるはずです。

―1― 乾《けん》（天）☰

陽が3つ重なった卦を乾といいます。この字は乾燥の乾ですが、「けん」と読みます。

陽が3つ重なっているので、**エネルギーが満ち満ちた状態**を表しています。光あふれる状態で太陽を表しており、したがってこの象意は「天」です。また、イメージでいうと大きいもの、尊いもの、高いものです。陽であるから、どんどん進むという意味や、また「白日のもとに」という表現がありますが、明るく公明正大という意味もあります。この卦の本質的な性質を表す卦徳は「健」（すこやか）です。

2 兌《だ》（沢）☱

この卦は陽が2つの上に陰が1つ乗っかっています。いわば窪みであるからそこに水がたまる。そしてそれが「沢」になる。沢というとなんとなく渓谷のようにさらさらと水が流れるイメージがありますが、これは大きなものでは湖や沼であり、また小さければコップの水もこの沢にあたります。

湖にはいくつもの沢から水が流れ込み集まると考えると、**人や情報が集まること**を意味していると捉えることができます。そして、また兌の上を口だと考えると、楽しくお話ししている様子をイメージできます。つまり、この兌は人が集まりいろいろ話をしたり、楽しく飲食して、悦んでいる風景だといえるのです。卦徳は「悦」（よろこぶ）です。

3 離《り》（火）☲

火というものはまわりが熱く、中は温度が低いといわれています。この卦を縦にして見ると、ちょうど火のような形で、中が陰で外が陽となります。火は「熱く」「明るい」。したがって、この「離」は**人間の叡智や美、芸術的才能、真理の探求**などの意味を表しています。またこの離は、その火が他者や周囲へ大きな影響を与えるということも表しているのです。卦徳は「麗」（くっつく）です。

―4― 震《しん》（雷）☳

この卦を見てみると、一番下の陽が陰2つによって押さえられているという様子です。つまり、**エネルギーがたまっていて爆発寸前**というイメージ。エネルギーの爆発の最たるものが「雷」です。そして振動を起こし、大音響を起こし、人の目を見開かせる。当然雷であるから凄まじい速度で動く。そんなイメージが震であり、雷なのです。卦徳は「動」（うごく）です。

―5― 巽《そん》（風）☴

これは陽が2つの下に陰が1つある卦です。陽の下に陰がもぐり込んでいる象。「風」を思い浮かべてみてください。建物でも、木でもその下に風は入り込んできます。風はどこへでも漂い動く。その**自在な姿が風の本質**なのです。また、「風の噂」

という表現もあるように、情報の伝達という意味もあります。卦徳は「入」（はいる）です。

―6― 坎《かん》（水）☵

この坎は陰の中に陽が1つ挟まれている象です。したがって、暗闇の中に一筋の光明が見えると考えると、**思索・哲学の探求**という深い意味になります。また、陰の中に陽の1つの柱が通ると考えると、法律や正義の実現という意味にもとれます。また、大地を「水」が流れるということは、命がつながるということを意味するともいえるし、また水が流れる低いところに落ちて溺れるという意味にもとれるのです。卦徳は「陥」（おちいる）です。

―7― 艮《ごん》（山）☶

この卦を見ると、2つの陰の上に陽が乗っています。つまり、下から上ってきた陽が、いよいよ頂上に来て、そこにとどまるということを表しています。また上で陽が踏んばって、陰を守っているともいえます。この艮の象は「山」ですが、山というのは頂であり、「その徳は山よりも高い」というように、いわゆる**崇高さ**をイメージさせます。卦徳は「止」（とどまる）です。

―8― 坤《こん》（地）☷

この卦は乾と全く逆の全陰です。陰というとなんとなく陰気と捉えてしまい、あまり良くないものに感じられますが、それは大いなる誤解です。私たちの生活を見ても、どんなに元気な人でも24時間走り回ることはできません。十分な休息があってこそ、力強い行動がとれるのです。**陰というのは陽を生み出すための蓄電池**みたいなもので、この陰なしに陽が十全の働きをすることはできません。この卦の象は「大地」です。大地はそのものが何かを行なうというものではなく、すべての生命の元となるものです。あらゆる生命は大地から生まれ、大地に帰っていきます。大地の力はすべてを包み込む力であり、卦徳は「順」（したがう）です。

以上の八卦が上下に2つ重なることで六四卦となり、さまざまな森羅万象を表していくのです。

3章

易の実践

——「六四卦」であらゆる問題が解決する

「どうなるか」でなく「どう取り組むか」を問う

さて、それではいよいよ実践編に入りたいと思います。先ほどから述べているように、陽転易学においては、「これからどうなるか」ということを聞くことはありません。まず、自分がどうしたいのかということを見極めたうえで、その目標や夢の成就のために、**「自分がどう取り組んだらよいのか」**ということを問うからです。

易経の中には「元亨利貞《げんこうりてい》」という言葉がしばしば出てきます。これは「大いに通る、ただしきによろし」という意味ですが、やはり自分の心構えが未来を創っていくのであり、「正しからざれば、破れる」のです。

当たり前のことではありますが、自分の我欲の成就のために易を用いるなどというのは言語道断であり、それでは道を踏み外すことになるでしょう。

自分の喜びにつながることを念ずることは問題ありませんが、**「それによって誰が喜ぶのか」**という視点をないがしろにして、自分の欲望を満たすためだけに「仕事はうまくいくでしょうか？　大儲けできるでしょうか？」などということを易の対象にしてはいけません。

日本神道においてはどこの神社に行っても、そのご神体は「鏡」ですが、この「かがみ」という言葉をじーっと見てみると、真ん中の「が（我）」をとると「かみ（神）」になります。つまり、私たち人間は「我」を取り去ることで、「神」のような働きすら可能になるのです。

もちろん、私たち凡人が全くの無欲恬淡《てんたん》の境地に達することは難しいものです。しかし、どんな人でも自分自身ができる限りにおいて、社会の中で「一隅を照らす心」を持って生きることはできます。そのために、**自分の中に潜在する無限の叡智と対話するというのが「易の神髄」**であると私は確信しています。そのことを読者の方々もぜひとも心していただきたいと思います。

占断の前に、まずは「部屋を片づけよう」

さて、自分の未来を透徹した心で見通すために「占断」を行なう際、やはりまずその環境を美しく整えることから始めなければなりません。散らかった机の上や、汚れた部屋で占断して、一体どんな素晴らしいメッセージを受け取れるというのでしょうか。

大掃除はしなくてもいいのですが、自分で**できる限り部屋を清浄に保ち、良い気が流れる状態で占断を行ないたい**ものです。

同時に服装もある程度節度のあるものにし、だらしない恰好で占断をしないほうがいいでしょう。

次に心を落ち着け、数回深呼吸を繰り返しながら、今自分が心に抱いている課題が、善き結果をもたらすことをイメージしながら「今私が取り組もうとしている課題が、自分にとっても、他者にとっても実りある結果をもたらすために、自分は今どういう気持ちで取り組んだらよいか、何をしたらよいか。天と我が内なる叡智よ、メッセージを送りたまえ」と思念するのです。

そして、「八面サイコロ」や「筮竹《ぜいちく》」あるいは「硬貨」を使って卦を出します。

集合的無意識理論では、どんな方法でも潜在的メッセージを受け取ることができると考えられており、ここでは、**誰でもすぐにできる硬貨を使った方法**をご紹介します。

「100円玉5枚、10円玉1枚」を使って占断する

まず、100円玉を5枚、10円玉を1枚用意します。そして心の中で「自分が課題としている事柄について、どのように取り組んだらよいのか」ということを念じつつ、手の中で硬貨を振ります。そして、その硬貨を手の中でそろえ、上の硬貨から1枚ずつ、自分の手前から先の方に向かって、静かに机の上に並べるのです。

このとき、**100あるいは10という数字が書いてある裏面を陰と考え、また図柄が書いてある表面を陽**と考えます。

そうすると、下の3つで1つの卦が現れ、上の3つでもう1つの卦が現れます。それを上から読んでいきます。77ページの上図「**本卦の出し方**」の卦は、艮《ごん》と坎《かん》で「山《さん》水蒙《すいもう》」という大成卦になり、これが本質的な意味を表す「本卦」になります。

さて、ここで表面（陽）となっている10円玉をひっくり返します。そうすると、この場合、下から2つめが陰に変わるので、艮と坤《こん》で「山地剝《さんちはく》」となります（77ページの下図「**変卦《へんけ》の出し方**」参照）。このように変化した卦を「変卦」と呼び、本卦が変

化展開して向かう先を暗示します。

占断する場合、この変卦をどう扱うかということが、かなり大きな問題なのです。実は「本卦」は、易占のどの流派でも同じ扱いなのですが、それ以降はまさにその流派によっての扱いが千差万別なのです。

とにかく本卦だけで判断する流派もあれば、変卦をもたらす爻《こう》（本卦を構成するそれぞれの陰や陽）の説明（爻辞）に力点をおいて占断する流派もあるのです。また、本卦から変卦へと運気が流れていくという判断をする場合もあります。さらには、本卦の中の第二爻から第四爻、そして第三爻から第五爻が本卦の中に内在されている「五卦《ごけ》」、そしてすべての陰と陽をひっくり返す「錯卦《さつけ》」、すべてを総合的に判断してみる見方などなど……、いろいろと存在しています。

易を専門的にやっておられる方なら、それらをすべて熟知したうえで自分なりの高次のインスピレーションを導きだすことも可能だと思います。

しかし、その域に達するには膨大な時間と労力がかかり、とてもではありませんが、初学者がそれを使いこなすレベルに到達することは容易ではありません。

ですから、本書で説く陽転易学は、初学者でも自分の進むべき道を明確に指し示す

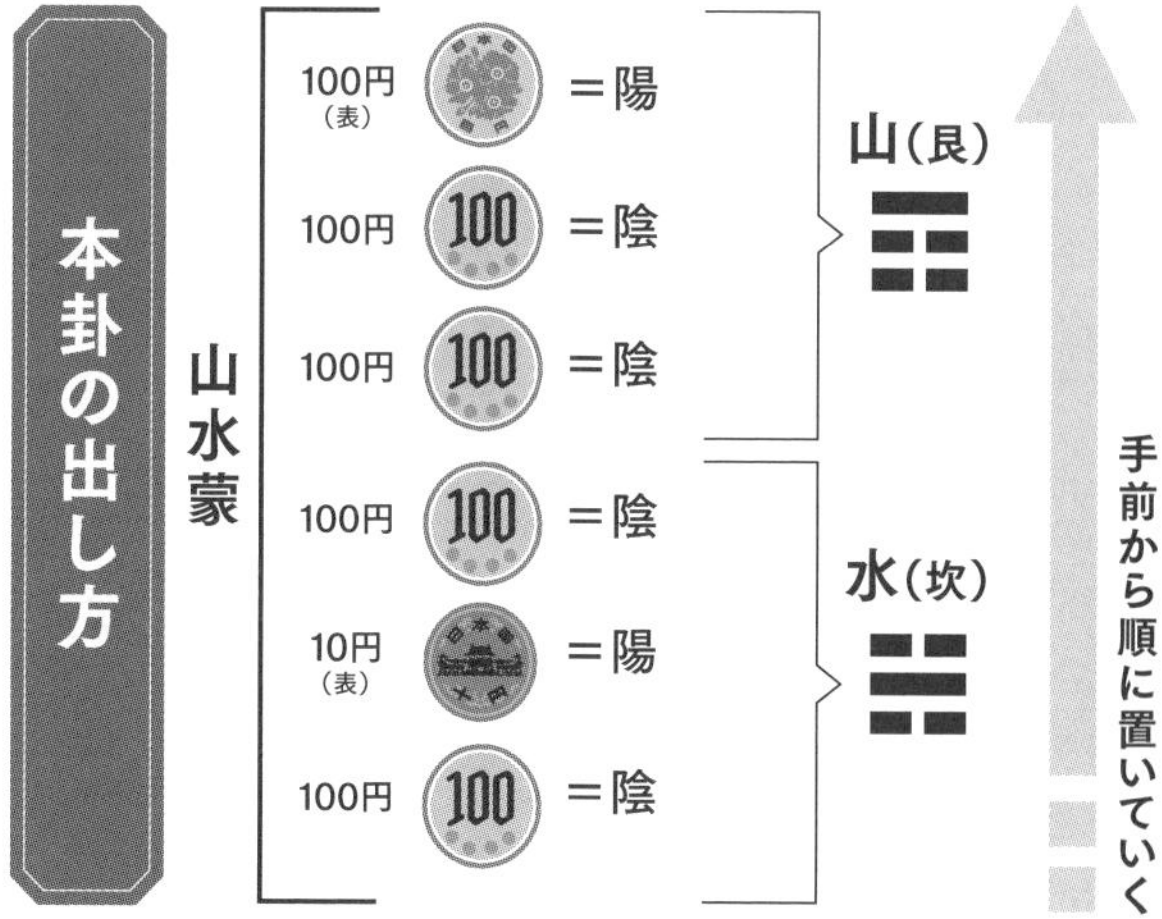
本卦の出し方
山水蒙
100円（表）＝陽
100円＝陰
100円＝陰
100円＝陰
10円（表）＝陽
100円＝陰
山（艮）
水（坎）
手前から順に置いていく

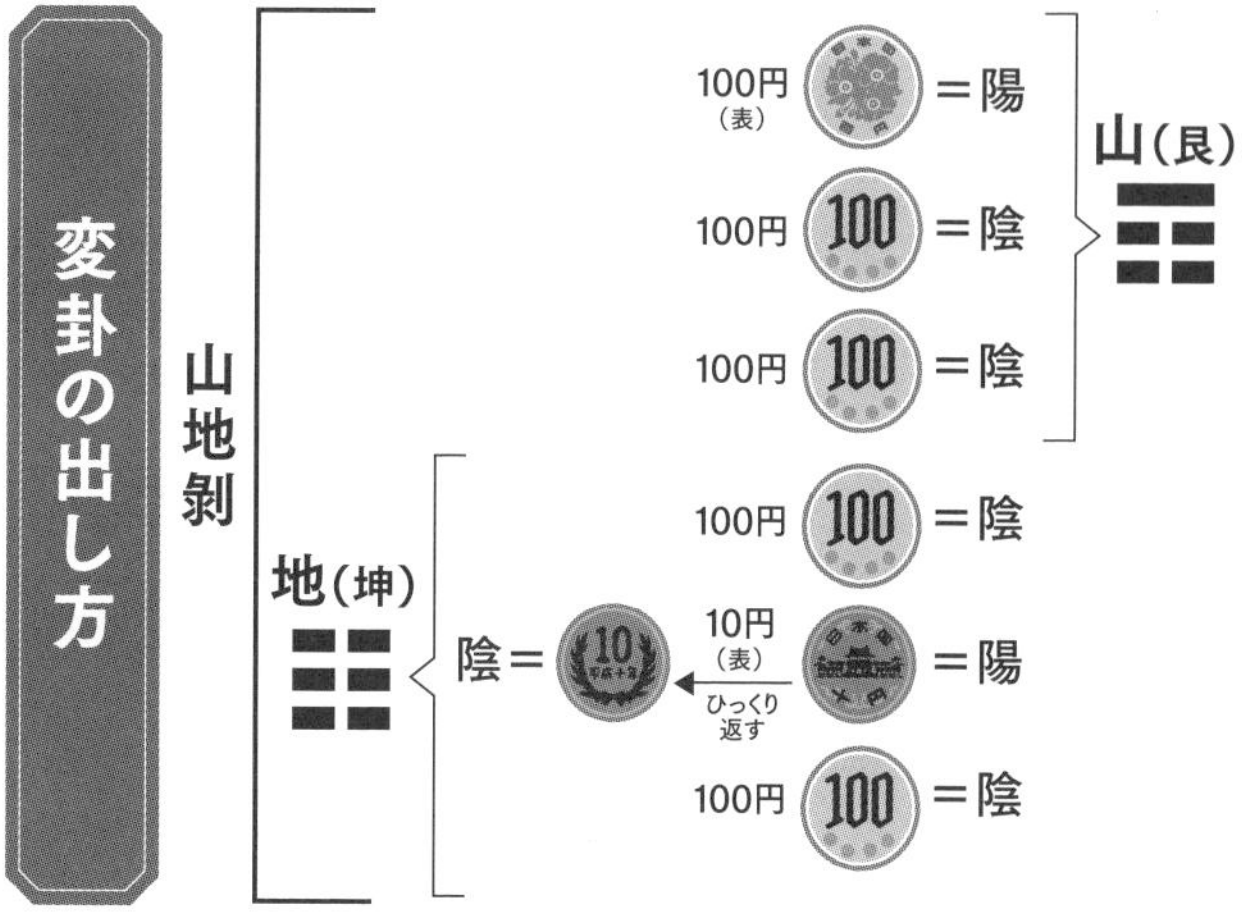
変卦の出し方
山地剝
100円（表）＝陽
100円＝陰
100円＝陰
100円＝陰
10円（表）＝陽
ひっくり返す
陰＝
100円＝陰
山（艮）
地（坤）

ことができるように、手軽さを重視しています。

したがって、従来の易をやっておられる方からみれば、ありえない論理を振り回しているように思われるかもしれません。しかし、この方法論において、**実に素晴らしい結果を実際に生み出し、多くの人が驚くべき成果を得ている**と同時に、人間の未来を決して縛ることがない占断であるということを申し上げておきたいと思います。

易に命をかけてこられた聖賢から見れば、外道のそしりを受けるかもしれませんが、私はこの易の叡智が現代人の心の中で、真の「立命」への道標として復活することを念じています。

完全なる「吉」も、完全なる「凶」も存在しない

「陽転易学」では、まずもって「本卦」のメッセージをよく考察し、その中で今、自分がどのような行動をとったらよいか明確に判断していきます。一般的に卦には、いわゆる「吉凶」が出てきます。しかし、陽転易学的には完全なる「吉」も完全なる「凶」も存在しません。**ある状況が目の前にあるだけで、本来は「吉」でも「凶」で**

もないと考えるからです。

つまり、本卦において「吉」と出れば、自信を持って進んでいけということであり、「凶」と出れば、その中に隠れている戒めを守ることで、納得のいく結果がもたらされることを暗示しているのです。

では、変卦をどう考えればいいのでしょうか。もし本卦と同じく変卦も「吉」と出た場合は、どう考えたらよいのでしょうか。あるいは、もし変卦が「凶」と出た場合、どう考えるのがいいのでしょうか。

陽転易学では、本卦が「吉」であっても、変卦が「凶」の場合、本卦の中に書かれている戒めを守らなければ、変卦の「凶」が現れてくると考えます。

しかし、もし私たちが、本卦の中にある戒めと変卦の中にある戒めを守ることに徹するなら、本卦の中にある「吉」のエネルギーが出てきて、変卦の「凶」は出てこないと考えます。

次に、本卦が「凶」の場合はどうでしょうか。凶であるのだから、まず根本状況は思わしくないと考えます。しかし、その中に書かれている戒めを守りじっくり取り組むなら、やがて状況が良くなる可能性があり、変卦が「吉」であれば、その苦労がやがて報われる可能性があることを暗示しているのだと捉えるのです。

では、**本卦が「凶」で、変卦も「凶」の場合**はどうでしょうか。これはいささかやっかいです。本卦も変卦も「凶」ですから、これはかなり厳しいといわざるをえません。この場合に**問われるのは「覚悟」**です。

もしあなたが、それほどの思い入れもなく何かを始めようと思っているのなら、ひとまず退散して時を待つか、今回はやめるというのも選択肢のひとつです。

しかし、「どうしてもやりたい」と思う場合には、自分の志をよく見つめ、覚悟を持って取り組むことが肝要です。ここに陽転易学の本領が発揮されるのです。

易を学んでいる人は、たぶん聞いたことがある話だと思いますが、幕末の儒学者佐久間象山は、易にも通じていました。

あるとき、象山が京都に行くことになり、それがどういう結果をもたらすか、友人が易を立てたところ、命に関わる「凶」の卦が出たというのです。

象山も易の大家であったから、その卦の意味を瞬時に把握しました。当然、友人は象山の京都行きをやめさせようとしたのですが、象山は「この卦の意味は、私はよくわかっている。しかしそれでも行かなくてはならないのだ」といって京に上って、殺されてしまうのです。

殺されるという物騒な話ではありますが、物事には自分の利得を超えてどうしても行なわなければならないこともあるのです。昔の武士は、潔く生きることに人生の意義を見いだしていたのでしょう。そう考えるなら、たとえ今「天の時でなく、地の利もなく、人の和もない状態」でも、やらなければならないことがあるのかもしれません。まさに生きる覚悟が試されている瞬間です。

その覚悟が結果的には「死中に活」を生み出すのだと私は考えます。

「陽転易学」では、**未来を固定的に考えるのではなく、今この瞬間の前向きな決断を問う**のであり、その判断によって未来がどんどん創造されていくと捉えます。

「六四卦」――私たちに「生きる指針」を与えてくれる

私が主宰する陽転易学の講座では、六四卦すべてを特殊な技法で覚えていただくのですが、本書で学ぶ方は、54ページの「**六四卦索引表**」を見ながら占断していただければと思います。

まず、この六四卦をイメージと理念で把握していただいたうえで、あとは実践の中でその奥義に達するよう努力してください。やがて、1年もすると占断をするときに**インスピレーションが湧き出し、瞬時に答えを導きだせる**ようになります。

そして何年も実践して磨いていくと、いちいち占断をせずとも、自分のことであれ、人のことであれ、自然と明確な答えを出せるようになっていきます。易の本質を考究し『周易注』を著した魏の国の「王弼《おうひつ》」の思想の核は、「真理がわかれば、そもそも占いはいらない」というものであり、それが究極の姿なのです。

しかし、それは「老荘」などの大哲人にして初めて可能なことであり、私たち凡夫《ぼんぷ》には凡夫の道があると考え、この「陽転易学」を大いに活用し、人生に活かしていただければと思います。

人生の迷いが消える64のメッセージ

易学では人生のさまざまな局面に対して、微に入り、細を穿《うが》って事細かに生きる指針を教えています。

この64の指針は「周易」の中の神髄ですが、実に興味深いものです。「こんな陰陽の組み合わせで何がわかるか」といってしまえばそれまでですが、本書に書かれていることを熟読玩味して、実際の人生の課題を照らし出せば、そこに「なるほどなあ」という納得のいく答えが隠されていて、あなたの人生に光が差してくるのです。

易学講座で「卦」を出してみると、毎回驚くような結果になります。**瞬時に人の人生がガラッと変わってしまう**のです。その深遠さには目を見張るものがあります。

その意味では、本書が本当の意味を持つのは、あなたがこの本書のメッセージによって人生の諸問題が解決し、良き人生を勝ちえていったときといえます。

周易では、この六四卦の順番は陰陽の巡りによって定められ、第一番の「乾為天《けんいてん》」から最後の「火水未済《かすいびせい》」まで陰陽が変化しながら流れていき、本来その流れを熟知することが大切です。しかし、実際に占断を下すときには、その順番が問題になることはないため、今回は順番はあまり気にしないでいただきたいと思います。

01 乾《けん》為《い》天《てん》 ䷀

驕るな、自重せよ。素晴らしい結果が待っている。

六四卦はこの上卦も下卦も陽で埋め尽くされた乾為天から始まります。「天地ありて、然る後に万物生ず」という言葉から始まるのです。つまり、すべては天と地の間に生まれてくるのであるから、この乾為天と次の大地を表す坤為地《こんいち》の2つが六四卦の中でも特別な位置を占めているのです。

周易では乾為天について、**龍の物語**として特別に著されています。龍は想像上の動物ですが、龍が沼地にこっそりと棲息《せいそく》し、じっと力を貯め、やがて満を持して天空を駆け巡り嵐を呼ぶ。しかし、最後慢心した龍は天から墜落してしまうという話です。

乾為天は天が2つ重なった卦で、まさに**陽の塊**。太陽のような光輝くエネルギーに満ちていると考えると、実に素晴らしい卦であるともいえます。したがって、ある課題を抱え卦を出したときに、自分の内に秘めたるエネルギーがどんどんほとばしり出て、頑張って行なうと素晴らしい結果がもたらされることが暗示されているのです。

しかし、この陽の塊のすべてがいいかというとそうではありません。自分の力を過信することによって、エネルギーの空回り、独断などを招いてしまいかねません。よく「順境の中に失敗の種が隠されている」といわれますが、一見うまくいっているように見えても、その中の慢心が思わぬ失敗をもたらすものです。

では、どのようにそれを回避すればいいのでしょうか。ポイントは2つです。

1つは、自分の願いや目標が単に自分の欲望を満足させることに終わらず、他の人々、社会のためになるといった**「公徳」に結びつくことを強く意識**すること。そうすることで、あなたの目標は天のエネルギーを受け、永続的に繁栄することを表しているのです。しかし、己の欲望の充足を第一の目標に掲げた場合、どんなにうまくいっているように見えても最後は大失敗する可能性があることを示しています。

2つめは、**謙虚さと反省の心**です。そして、自分自身を客観的に見る姿勢。とかく自分に自信がある人間は、自分が成功したときに己の力を過信するものですが、やがてその慢心によって目が曇り、大失敗をしてしまうものです。

乾為天が教えるのは、「驕《おご》るな、他者の意見に耳を傾けよ。自分だけが正しいと思うな」ということ。この2つの点を心するなら、乾為天の本来の強い陽のエネルギーがあふれだし、大きな成果がもたらされるのです。

02 坤《こん》為《い》地《ち》 ䷁

これまでやってきたことを、
丁寧に行なえ。

坤為地は乾為天の真逆であり、すべての爻が陰。つまり、今、思いきって自分の思いをどんどん実現していこうと思っても、**徒労に終わる危険性**があることを示しています。

先日、ある経営者の方から、新しい事業について相談されました。そして、その方も易をかじっていたので、卦を立てることになったのです。私は卦を出すまでもなく、「これはかなり無理な企画だ」と思い、むしろ今までのことにもうしばらくじっくりと取り組んで、その後、もう一度企画を立てたらどうだろうかという私の考えを述べたのですが、彼としてはなんとなく納得していない様子でした。

そのとき出た卦がこの坤為地です。しかも変卦が山地剝と出てきた。

つまり、今、本人が取り組むべきことは、これまでやってきたことをしっかりと大地を耕すように繰り返し行なえということです。新しいことについてあれやこれや考えを巡らせても、結局はうまくいかないぞ、それでも無理して押し進めると、大変なことになるということを暗示する卦です。

坤為地は大地を意味しています。大地というのは万物を育み育てる力を持っています。しかし、天の力を受けて初めて大地本来の働きが出てくるのであって、自らがあれやこれや思いを巡らすのは本来の働きではないのです。

したがって、この卦が出た場合には、今までの方針を大きく変えるのではなく、**今まで行なってきた方針を、より慎重に丁寧に心を込めて行なえということ**になるのです。

しかし、もしあなたがどうしても、新しい事柄を始めたいということであるなら、そのときの対処法として、たとえあなたがその計画を立て実行する場合であっても、誰か信用のおける人との共同事業という形をとり、その人の目標やビジョンをあなたが協力して実現させるのだという意識で取り組むと、うまくいく可能性が出てくるでしょう。

この坤為地が出ているにもかかわらず、独断で一か八かの行動に出るのは決して得策ではありません。坤為地のキーワードは「継続」「誠実」「忍耐」「支援」「共同」「素直」などです。

03 水《すい》雷《らい》屯《ちゅん》

生みの苦しみから喜びが生まれる。焦るな。

上卦が水で下卦が雷で若木を意味しています。

つまり、木の芽が出よう出ようとしても、上が冷たい水によって塞がれているというイメージです。

感覚的にいうと、この水雷屯は今まさに草木の芽がようやく地上に出ようとしている様を指しています。

その意味するところは、いわゆる「**生みの苦しみ**」というところでしょうか。子どもを産むとき、お母さんが大変な思いをするように、何かを始めるということはとても大変なことです。

しかし、自分で価値があると信じて取り組むのですから、多少困難があったとしても、へこたれてはいけません。自分が信じることに従って、**やるべきことを1つずつ丁寧に仕上げていく**のです。

赤ちゃんが相手であれば、手荒なことをすればすぐに死んでしまいます。真綿でくるむように優しく扱い、決して裸で寒風の中に放り出すようなことをしてはなりません。また、植物も「早く成長せよ」と思って茎を引っぱったりしたらちぎれてしまいます。

一足飛びにジャンプするのではなく、1ミリの進歩を喜びつつ、問題が発生すれば、それに誠実に対処する……。そういう態度で臨むなら、やがて必ず大きな花を咲かせることを水雷屯は示しているのです。「急《せ》いては事をし損じる」「じっくり構えて行なえ」なのです。

水雷屯はもうひとつ経文《けいぶん》の中で、アドバイスしています。それは**「諸侯を建てるがよろしい」**ということです。要するに諸侯つまり自分よりも力がある人が前面に出て、あなたをサポートするという形をとるとうまくいくことを示しているのです。

つまり、自分ひとりの力に余ることでも、もっと力のある人からみれば、簡単にできてしまうこともしばしばある。だから、そういう人の力を借りることも有効であるということを水雷屯は教えてくれているのです。

とにかく水雷屯が出た場合には焦らず、心を込めて進むことを心していただきたいと思います。

04 山《さん》水《すい》蒙《もう》 ䷃

行動する前に、よく調べ、研究せよ。

蒙という字は霧が朦朧《もうろう》と立ち込めていて視界不良の状態を表しています。こういう状態で何かを行なうと、穴に落ちたり、木にぶつかったりして大変な目に遭うものです。よく地震のときなどに「その場から離れるな」ということがいわれますが、山水蒙が出たときには、**霧が晴れるまで動くべきでない**ことを指し示しています。

では、山水蒙は霧が晴れるまで、何にもしないのかというとそうではありません。蒙という字は、よく「啓蒙」といわれるように、自己を啓発し、自分が見えなかったことに対し「はっと気づく」ということがポイントになってきます。

つまり、この山水蒙というのは「教育の卦」といわれるように、「**行動の前に、よく調べ、研究せよ**」ということを示しているのです。物事にはやってみなければわからないことが山のようにあります。しかし、山水蒙はまず、視界を晴らすために机上の研究と学びをせよということを説いているのです。そして、ある程度「よしいける」と思ってから行動することを勧めている卦なのです。

この机上の学びというのは、単に本を読むということのみを意味しているわけではありません。知恵者に話を聞くことも当然含まれます。

そして、もうひとつ重要なことは、自分が今何に困っているのか、何を迷っているのか、どんな情報が足りないのかを見極めることです。そのときのコツは、今自分が直面している課題において「その課題が解決した姿が明確になっているか」ということを問いかけることにあります。今自分が直面している課題において、「**自分の力で変えられることは何か**」また「**自分の力で変えられないことは何か**」を見極めることが肝要です。

つまり、自分の力で変えられないことはそれを受け入れ、反対に自分の力で変えられることは勇気を持って変えるのです。この見極めができることによって、視界は極端に明るくなります。ところが多くの人は、自分の力で変えられないことにうじうじと文句をいってみたり、本当は自分が勇気を持って行動すればたちまち結果を出せることを「しかたがない」といってほったらかしにしていることが少なくありません。

そして、自分自身が納得したときに行動を起こすのです。この山水蒙が開かれたときには、霧がサーっと晴れ、自信を持って一歩を踏みだしていけるのです。

05 水《すい》天《てん》需《じゅ》 ䷄

すべての物事に「天の時」あり。
じっくり待て。

水天需は、一言でいうなら「**大業の前にじっくり待て**」ということを表しています。

経文の中にも「需とは飲食の道なり」という一文が出てきます。つまり、よく栄養をとり、大業の前に体を整えよということです。仕事でいうなら、いろいろなものをしっかりと準備して、余裕を持って取り組めるようにしなければならないことを示しているのです。決して見切り発車してはいけません。

あるとき、私の友人からこのような相談を受けました。新しい団体を立ち上げるにあたって、事務局長を決めたいというのです。

一応、彼の頭の中には、ある人物が浮かんでいたのですが、彼が適材であるという確信が持てないため、決断することができずに困っていました。そのときに出たのが水天需でした。

彼にこの水天需の意味を説明すると、しばしの沈黙のあと「では、しばらく待ちます」といって、帰っていきました。

そして、その1カ月後、事務局長に最もふさわしい別の人物が出現したという知らせが彼から来ました。以前から友人であったその人物が自ら名乗り出てくれたそうで、現在、組織は順調に運営されているとのことです。

彼は後に「あのとき、あわてて事務局長を決めなくて本当によかった。もし、拙速に決めていたら、ご本人にも迷惑をかけてしまうところだった。卦に感謝している」と、しみじみと思い返していました。

物事はどんどんと進むときもあります。しかし、待つことが大きな成果につながることも、ままあるのです。

この水天需は、**待つことの大切さ**を教えているのです。

待つというのはある意味「意志の力」が必要になります。決して「果報は寝て待て」というお気楽さではないのです。

しかし、内なる力の充実をはかり、「天の時」の到来を待てば、自分が想像した以上の結果を生み出すものです。水天需は、時が来るまで「誠実に準備して待つ」ことの大切さを教えているのです。

06 天《てん》水《すい》訟《しょう》

「争いに利あらず」と心得よ。

訟は「訴訟」の訟で、争いが起こる可能性があることを示しています。経文の中に「飲食には必ず訴えあり」という一文が出てきます。飲食というのは、人間の欲望すべてのこと。人と人が争うのは、欲望と欲望のぶつかりあいです。これは仕事上の問題から人間関係、友人・親子・夫婦関係まですべてそうであり、例外はありません。

そして、「私は正しい、お前は間違っている」という自我意識がその問題の根底にはあるのです。怒りの感情の元は「人は自分が思うように動くべきである」という無意識の思い込みにあります。一旦そのサイクルが回りだすと、自分でも止められなくなってしまい、とんでもない悲劇にまで突き進んでいってしまうことがあるのです。

あなたが今、誰かと対立したり、問題を抱え、仮にあなた自身が「自分のほうが正しい」と思っていても、この天水訟が出た場合には、**争いに負けるか、仮にその争いに勝ったとしても、何らかの傷を負う可能性がある**ことを指し示しています。

「正しいからといっても通らない」のがこの卦なのです。ではどうすればよいか。

対処法は3つです。

1つめが、争いが発生した原因が自分にもあると反省すること。相手の立場になって考えてみること。決して自分だけが正義の立場にたっているのではないということを認識することで、怒りのモードが解決のモードへと転換されていきます。

2つめが、争いを解決させるために「徳の高い人物」を仲裁役にすること。

3つめが一旦争いから撤退することです。事柄によっては撤退できないこともありますが、「負けるが勝ち」という言葉もあるのです。見栄や体裁によって絶対に負けないということに固執するのではなく、次の道を開くことを考えましょう。

また、今、誰とも争っていない場合、これから取り組むことの中に争いの種が含まれていることを暗示しています。よく「いった」「いわない」といったことが争いの原因になります。誰かと何かを始めるときには、それこそ「**石橋をたたいて渡る**」という心がけや、くどいほど相手に確認していくことが大切なのです。

もちろん、この「天水訟」が出たからといって、必ず誰かとの争いが発生するわけではありません。今あなたが課題や争いを抱えているなら、あなたのその課題を解決する道を教え、また無用な争いを防ぐヒントを教えてくれているのです。

07 地《ち》水《すい》師《し》

䷆

勝機あり。ひるむな、勇気を持て。

地水師の「師」は集団、すなわち軍隊のことです。つまり地水師が出た場合、今あなたが**大きな敵に立ち向かっている状況**が発生しているか、これから発生する可能性があることを指し示しています。人数として多くの敵を迎え撃つ場合もあれば、これから大きな困難が伴う事柄に立ち向かう場合もあるでしょう。このような状況で必要なのは、困難に立ち向かう勇気と、困難を克服するための柔軟な発想と戦略です。

そのとき鍵となる思想が「**分解の思想**」です。私は組織のリーダーたちに問題解決手法を伝授するときにこの「分解の技術」を強く意識するよう勧めています。どんなに困難に見える事柄でも分解すれば、一つひとつの問題は意外に簡単なものであることが多いからです。人はある課題を困難だと認識するとき、冷静さを失っています。そのため、実際よりも問題を大きく捉えてしまうのです。

重要なのは、どこまで細分化できるかということと、どこから手をつけていくべきかという「順番の決定」なのです。

あれもこれも一緒に対処しようとせずに、目の前にあるするべきことに意識を集中させましょう。ひとつを解決することでその一穴から壁が崩れ始め、次々と問題が解決していきます。

また、この地水師が出た場合に必要となってくるのは、やはり**問題解決のための軍師**です。立ち向かう相手が大きい存在であるとするなら、やはりひとりで立ち向かうのは心もとないことでしょう。

三顧の礼で諸葛亮孔明を迎えた劉備玄徳の故事ではありませんが、あなたが取り組む課題によっては、よくよく礼を尽くして、軍師たるべき人物を選定してもいいでしょう。

いずれにせよ、地水師が出た場合には、強大な敵に向かっていく強い勇気と決断力、そして柔軟に物事を組み立てられる戦略、そしてそれを断固として行なっていく実行力が必要になります。

地水師は、あなたがその敵に対して、「勝つ」とも「負ける」とも明言していません。ただあなたが誠を尽くして取り組めば、必ずあなたの人生に大きな価値と学びをもたらすことを教えているのです。

08 水《すい》地《ち》比《ひ》

䷇

心のつながりを大切にせよ。

水地比の「比」は人が2人並んで親しんでいる様子を表しています。

つまり、水地比は「独断専行せずに、仲良くして事に当たれ」「共に走っていく仲間と和合しながら進んでいけ」ということを教えているのです。

この水地比には但し書きがあります。それは**「正しい行ないの中での仲の良さ」**が重要であり、道に外れたことをしながら仲が良かったとしても、それは意味がないばかりか、かえって大きな災いをもたらすことになるというのです。

あなたが何かに取り組もうとしているとき、人間関係においてひっかかることがあれば、そのことを事前に解決しておくことが肝要です。

ですから何か気になることがあるのなら、勇気を持って相手と話をし、クリアな心の状態で事に当たらなければならないのです。

また、友だち関係や家族関係においても、心の中に一物があった状態のままほったらかしにしておくのではなく、相手の立場もよくよく考慮しながら、自分の考えも述べ、気持ちが通じる状態にすることが求められます。

おもしろいことにこの水地比は、**人間関係に悩んでいるときによく出る**ような気がします。たとえば、誰かが家族関係で悩んでいるときや、会社の人間関係に悩んでいる場合にも水地比はしばしば出てきました。そして、水地比が必ず何かの示唆を与え、その問題が解決していくのです。

水地比が出た場合に、自分のまわりの人間関係を一旦立ち止まって、しっかりと眺めて観察するなら、意外な解決策が見つかることが少なくないのです。

また、あなたが抱えている問題が人間関係とは別のことであった場合、その問題になっている対象を毛嫌いせず、一度愛してみて、その対象の中に価値を見いだすという心を持つと、意外に道が開けてくることがあります。

よく、「今の仕事は私にあっているかどうかわからない」と悩む人がいらっしゃいます。もし、あなたが今の仕事以外にしたいことが明確にあるのなら、それに取り組むのもよいでしょう。

しかし、それがないのであれば、今やっていることをまずは愛することから始めてみてはどうでしょうか。必ずそこから道が開けてくるものです。

09 風天小畜《ふうてんしょうちく》

☴☰

まだ早い。じっくり力を蓄えよ。

この風天小畜は「小さく蓄える」ことを表しています。蓄えるのは良いことですが、あくまでも「小さい」というのがポイントです。

つまりこれは、今、取り組もうとしていることに対して、**あなたの実力がまだ足りないことを指し示している**のです。

対処する方法は2つあります。

1つは、今あなたが実行しようとしていることに対し、まずは十二分に実力をつけることです。「準備の充実」といってもいいでしょう。

私たちは何かに取り組むときによく不安になります。「失敗したらどうしよう」「それ、苦手なんだよね……」と。

しかし、よくよく考えてみると、その不安の原因は「準備不足」に起因していることが多いのではないでしょうか。

「なすべきことをなす」ことで「人事を尽くして天命を待つ」ことができるのです。

つまり、準備をしっかりと行ない最大限努力して初めて、「結果は天に任せる」という境地に立つことができるのです。

風天小畜はこのことを教えてくれています。

また、この卦は目標そのものの見直しを示唆しているとも考えられます。

もし、あなたの実力に対して高すぎる目標を掲げて、闇雲に実践するなら、失敗と挫折を招いてしまうのは火を見るより明らかです。

つまり、風天小畜は、**実現可能な目標を定めることの大切さ**を教えているのです。

そして、「目標そのものの見直し」「準備の充実」を通して、「足るを知る」精神を持つことが可能になります。

今の状況に不足を感じるのではなく、「足るを知る」ことで自分の置かれた状況を受け入れることができるようになるのです。

人間は生きるうえで、常に「もっともっと」という貪欲な向上心を持つことも必要ですが、「あるがまま」の状況を受け入れ、その中に喜びを見いだす精神も必要ではないでしょうか。

10 天《てん》沢《たく》履《り》

☰
☱

虎穴に入らずんば虎子を得ず。
飛び込め。

履は「踏む」という意味で、「虎のしっぽを踏むような状態を指す」といわれています。

天沢履が出たということは、今、あなたが取り組もうとしている事柄、取り組んでいる事柄に対して、勇気を持って向かっていかなくてはならないことが発生しているか、これからそういう事態が発生してくることを暗示しているのです。

この説明を聞いたなら誰もが「これは大変だ」と思うはずです。しかし、易経は「虎のしっぽを踏んでも食べられないから大丈夫！」といっています。つまり、命まではとられないので、**思いきって飛び込め**ということです。「虎穴に入らずんば、虎児を得ず」。何事も新しいことに取り組むときには勇気が必要になるのです。

しかし、この勇気は「いくぞ！」というような匹夫《ひっぷ》の勇《ゆう》であってはなりません。その勇気は堂々たる態度と礼儀に裏づけられたものであるべきです。中村天風には、虎が入っている檻に入って虎の頭をなでたという逸話が残っていますが、その態度が凛として謙虚であれば虎も食べないということなのでしょう。

天沢履の卦について、**どのような判断を下すべきかは状況による**と私は考えています。ある経営者から「やり手の経営者と事業を開始すべきか否か」という相談を受けたことがあります。その相手の経営者の人は志が高く、ユニークな発想を持ち、事業を進める力のあるとても魅力的な人ですが、周囲にはその人を快く思わない人も多いということでした。

陽転易学では究極の判断を求めない限り、「したほうがよいか、しないほうがよいか」という判断は行ないません。しかし、その方もずいぶんと悩んでいたため、卦を出すことにしました。そのとき出たのが「天沢履」です。

では、この人は勇気を持ってこの事業を始めることにしたのでしょうか。

答えは「否」です。なぜなら変卦が「火沢睽《かたくけい》」という「反目」の卦になっていたからです。その人は「リスクが高すぎる」といってその事業から撤退したのです。

天沢履の卦が出た場合には、その進む方向をよくよく吟味してみるべきなのです。

天沢履は、「危機」に直面した場合も、「勇気」「礼節」「傾聴」の徳でもって乗り越えよ、さすれば道は開けるぞということを暗示しているのです。

11 地《ち》天《てん》泰《たい》 ䷊

自信を持って進め。

あくまでもゆるやかに。


地天泰の泰は「安泰」の「泰」で、実にゆるやかでうまくいくような「おめでたい卦」です。街中にいる易者は、看板に「地天泰」の卦を掲げていることが多く、そのことからもこの卦がおめでたい卦であるということがうかがえます。

したがって、もしあなたが何かの課題を持って卦を出そうとしたときに、この卦が出たら、一応**自信を持って進めて「吉」**ということになります。

私が思うに「自己実現的予言」というのがあって、

「自分ならできる」

と信じることができれば、その物事はうまくいくのです。

反対に自分自身で、「自分の力ではこれはうまくいかないのではないか」と考えれば、そのとおりになってしまう……。

物事を始めるとき、自分の力を過信することは慎まなければいけませんが、「成功のイメージ」を心の中に描いて進んでいくことはとても素晴らしいことです。

しかし、この卦を仔細に検討してみると、上が地で下が天。本来、物事は、天が上で地が下のはずなのに、なぜこれがおめでたい卦になるのでしょうか。

天は「昇る力」であり、地は「下に沈む力」であると考えると、ちょうどエネルギーが真ん中で合体され、磁石のS極とN極が交わって、ぴたっとくっつきパワーが生まれるというイメージです。

しかし、天はまだ地の下にあります。

つまり、地天泰が出た場合にも、心しなければならないことがあるのです。いかにおめでたい卦であるといっても、あまり拙速に事を運んではなりません。じっくり事を構えてゆるやかに進んでいかなければならないのです。結果に到達することのみを目的にするのではなく、**その一歩一歩を味わい楽しむ**ことによって、まさに地天泰の素晴らしさが発揮されるのです。

ですから、もし、地天泰が出たとしても、この卦に慢心するのではなく、成功への「道程」を心して踏みしめていきたいところです。

12 天《てん》地《ち》否《ひ》 ䷋

思い通りにいかないのが人生。
ひるむな。

天地否が出ると、一瞬がっくりとしてしまいます。やることなすことうまくいかないということを暗示しているからです。

小人《しょうじん》（つまらない人間や悪い人間）がのさばった状態で、なかなか正義が通らない、腹立たしい状況になっていたり、これから起こるという可能性もあります。人生は思うようにはいきません。良かれと思って行なったことが裏目に出たり、予想外の障害が発生したり、人からひどいことをいわれることもあります。

こういうときは発想を転換してみるのです。

「人生は思いどおりにいかない。人は自分の思うとおりに行動するものではない」という「積極的な諦観」を持ち、事に臨むのです。もしあなたが誰かに対して、自分の思いや願いを伝えたとき、その人から無視されたり、反対されたなら、当然、腹が立ったり、失望することでしょう。しかし「人は自分の思いなどには何の関心もないものだ」と考えていたなら、意外と腹も立たないものです。

また、勝手な思い込みから、うまくいくと思って行動して失敗したなら、怒りや失望が噴出してくることでしょう。しかし、最初から「失敗したとしても問題ない」と心の中で腹をくくっていたら、勇気を持って、次の行動に移れるものなのです。

したがって、この天地否が出た場合には、たとえ良くない状況であっても、それに耐えて突き進んでいくという選択をすることが可能なのです。何かをなすときに、最初からうまくいくなどとは思ってはならないという気持ち、**覚悟を持つからこそ道は開けていく**のです。

もちろん、天地否が出た場合、「やめる」という判断もありえます。私たちが何かをする場合、自分の心の中の本音と建前が錯綜していることが少なくありません。つまり、天地否は、あなたがやろうと思っていることであっても、潜在意識の中では「やりたくない」と感じていることが少なくないということを教えているのです。

天地否が出た場合には、このまま進んでいくのがよいか、やめるのがよいか、あとの変卦、ならびに自分が置かれている状況、また自分の本心などを勘案し結論を出したいところです。ただし、どんな結論であっても、その結論を出したならば**一切後悔しないという潔さ**が必要になってきます。

13 天《てん》火《か》同《どう》人《じん》

☰☲

仲間がいれば、不可能も可能になる。

天火同人というのは、

「人の心を同じくして協力関係を築いていくと、素晴らしい成果が出る」

という卦です。毛利家の「三本の矢」の故事や「三人寄れば文殊の知恵」という諺などを持ちだすまでもなく、人の力というのは足し算ではなくて、そこに**心の共鳴があれば、かけ算として、何倍、何十倍もの力を発揮する**ものなのです。

私もさまざまな組織で人づくりのお手伝いをする中で、人間社会というものはまさに「人と人との間」の中に成功の秘訣が隠されていることを日々痛感しています。

どんなに一人ひとりの知識や力が優れていたとしても、その絆がお粗末であれば、十分な成果は得られないのです。しかし、一人ひとりの力には特筆すべきものがなかったとしても、人と人とのつながりが強く、信頼関係に裏打ちされているものならば、必ず道は開けるものなのです。

しかし、ここで考えなければならないことは、この天火同人は、ただ仲良しこよしのグループを想定しているわけではないという点です。

ではどのような集団・組織を念頭に置いているのでしょうか。

それは、天地をよく導いていくための「**志の高さ**」に裏打ちされているグループです。その志が高ければ高いほどこの天火同人の力が「相乗効果」となって発揮されていくのです。

そのため、リーダーたるべき者たちは、自分のビジョンや理想を熱く語り、信頼に足る行動をとり、またメンバーたちの考えに真剣に耳を傾けなければなりません。

また一方で天火同人という卦は、独断専行に陥るととんでもない大失敗をもたらす可能性があることを裏にはらんでいるともいえます。

もし私たちが高い志を持ち、お互いに正義に基づいた信頼関係を構築することができれば、現時点では想像もしていない事柄でも達成することが可能になります。そして、結果、深い満足が得られることになるでしょう。

ただし、人間関係を重視するといっても、情に流されるような傾向が出てくると、物事が崩れていってしまう危険があるため、十分注意する必要があります。このことは、グループ全員が常に心しておくべきことなのです。

14 火天大有《かてんたいゆう》

☲☰

心して事に当たれ。慢心するな。

火天大有は、「日輪天に輝くの相」であり、盛運の極みといえます。仕事のことであれ、プライベートなことであれ、これから光り輝くような素晴らしい成果が出てくることが暗示されているため、勇気と自信を持って実行するのがよいでしょう。

また、もし現時点においてその兆候が表れていなかったとしても、**必ず優れた方向性に進んでいくことになる**可能性があることを示しています。

しかし、あなたがこの火天大有の卦のとおり、ぐんぐんと進んで目覚ましい成果を出したとしたら、そこには「嫉妬」や「ねたみ」あるいは「ライバルの出現」といった状況が生まれ、高転びに転ぶ危険性があることも暗示されているのです。

したがって、たとえ物事が順調に進んだときであっても、「皆様のおかげで」とか「運が良かったものですから」「ありがとうございます」という謙虚さと感謝の心を持って事に対処することが、他の卦にもまして必要となってきます。

もし、あなたがリーダーとしての役割を持っている場合、実際にあなたが他のメンバーに対して、あらゆる局面で優れている必要など全くありません。

むしろ、目から鼻に抜けるような秀才というのは、結局はうまくいかない結果に至ることが多いものです。

アメリカ最大の鉄鋼会社USスチールを創業したアンドリュー・カーネギーの墓には「己より優れたる部下を持ち、ともに働ける技を知れるものここに眠る」という文字が刻まれています。

真のリーダーは己の才能によって事を成すのではなく、**さまざまな優れた力を持った者たちとの共同によってそれを成し遂げていく**ものなのです。

このことは強く強く心しておきたいものです。

また、もうひとつこの火天大有が教えることは、いかに素晴らしい成果が出たとしてもそこに慢心せずに、「最善の上にも最善」を尽くしていくあくなき探求心を持つことの大切さです。

古来より「失敗・衰退の原因は得意の内にあり」と喝破されています。このことを真に心に刻み進みゆくことで、天に輝く日輪は永続的にその光を放ち続けるのです。

15 地《ち》山《ざん》謙《けん》 ䷎

謙虚さこそ金。笑顔を絶やすな。

地山謙の謙は「謙遜」「謙譲」の謙ですから、この卦が出た場合、謙譲の美徳をよりいっそう心に秘めて行動せよということが暗示されていると考えるべきでしょう。

人間として本当に練れている人は、**決して頭《こうべ》を高くして生きない**ものです。しかし、どうしても浅はかな人間の性で、少しでも調子がいいと、ついつい傲慢になり人を見下したり、有頂天になってしまう……。地山謙はこれを戒めているのです。

薫風《くんぷう》漂うような人間というのは、人を差別せず、常に笑顔を絶やさず、謙虚にしかも力強く生きているものなのです。つまり、地山謙は人間としての徳を磨きながら、課題に対処していけということを伝えているのです。

また、同時にこの地山謙は、物事に対する謙虚さを私たちに求めています。

「謙虚さ」とはどのようなものでしょうか。

私たちが何かを行なうときに、対象物をなめてかかったり、高をくくったりして事に当たると、とんでもないしっぺ返しがくることは少なくありません。結果が出たあとで「こんなはずではなかったのに……」といってもあとの祭りです。

百獣の王ライオンは1匹のウサギをしとめるのにも、全力を尽くすといわれていますが、まさにこの態度こそ「謙」そのものなのです。

「事を行なうは我にあり、事が成るは天にあり」

というのが真実であり、自分の力のみを頼みにして物事に取り組むことは間違っていると考えるべきなのです。

そうではなく、**一つひとつ丁寧に目の前の物事を磨き上げていく**という心がけが肝要なのです。

また、物事が自分の思うような速度で進まないときには、むしろ「急がば回れ」の精神であえてじっくり構え、自分自身の内実を充実させていくことに主眼を置き、時の到来を待つということも大切です。

そして時に応じて、自分が先頭に立つよりも、他人に手柄を与えるという意識で事に当たると、結局、長い目で見たときに大きな福が与えられるという考えを示しているのが、地山謙の卦なのです。

16 雷《らい》地《ち》予《よ》 ☳☷

結果はプロセスの集積。
しっかり準備せよ。

雷地予の「予」は「予め」を意味し、「予め準備していたことが整い、これから素晴らしい成果が出る」という希望あふれる卦です。反対に、今まで準備をしてきていない人には「これから準備をして事を始めれば、良い結果が待っている」ことを暗示しています。

つまり**「準備」が大切**なのです。あるとき読んだ本に「成功するかどうか不安な人は、最善の準備をしていない人だ」ということが書いてありました。私自身、その言葉を実感する経験をしたことがあります。

趣味で音楽をしている私ですが、2011年、クラシックの殿堂であるサントリーホールで音楽会を催したのです。自分で交響組曲を作曲し、2000人の聴衆の前でオーケストラを指揮できたという事実に私自身驚いております。今思い出しても、夢のような話です。音楽会の準備に懸命に取り組んだ1年間は、それこそ寝食を忘れて没頭しました。本業の合間を縫っての準備でしたが、これ以上できないというところまで自分を追い込みました。すると不思議なもので、不安を感じている暇がなかったのです。緊張すらする暇がありませんでした。何度もメンタルリハーサルを行ない、心の中で「ブラボー！」というスタンディングオベーションの声を聞きました。

京セラ創業者・稲盛和夫氏は、生前「自分の行なうことを心の目で何度もイメージする。最初はぼんやりしているが、やがてはっきりと見えるようになり、カラーで見えるようになると必ず成功する」とおっしゃっていました。その言葉から「行動」と「意識」の2つの準備をしっかり行なうことの重要性を私は教えていただきました。

雷地予には、状況・結果・成果を「心ゆくまで楽しめ」という意味もあります。忙しい現代社会、ゆっくりと物事を味わうゆとりはないかもしれません。次から次へといろいろな出来事が起きて、立ち止まる暇すらないというのが現実でしょう。

しかし、それでは「人生の豊かさ」を完全には味わうことができません。仕事でも遊びでも「よかったなあ」と**自分自身の判断基準で深く感じることが大切**です。決して他人の判断基準を使ってはいけません。

ただ、調子に乗りすぎると金銭を浪費してしまったり、思わぬトラブルに巻き込まれる可能性もあるので「節度」ある楽しみを心がけたいところです。

17 沢《たく》雷《らい》随《ずい》 ䷐

時の勢いにうまく乗れ。

沢雷随の「随《ずい》」は「随《したが》う」の随です。

では、この「随う」というのは誰かの意見に従うということのみをいうのでしょうか。答えは否です。ここでいう「従う」というのは、**他者だけでなく、社会のいろいろな現象に従う**ということをも含んでいます。

かつて松下幸之助は人から成功の要諦を聞かれたときに、

「それは私が電気という時流に乗ったからだ」

ということをおっしゃいました。「時流に乗る」などというと、そのときの風任せ、主体性がないように感じられる方がいるかもしれませんが、そうではありません。

松下幸之助は自転車屋で丁稚《でっち》奉公《ぼうこう》をしていた15歳のときに、街中を走るチンチン電車を見て、

「あっ、これからは電気の時代が来る」

と直感したといいます。そうしたらいても立ってもいられなくなり、その自転車屋

さんを飛び出し、今の関西電力にあたる大阪電燈に入社してしまったそうです。その後、23歳のときに独立して松下電器の前身となる会社を創業するのですが、この時流に乗ることは「成功の秘訣」の大切な要素のひとつなのです。

つまり、松下幸之助は、世の中の変化をしっかりと自分自身の頭で考え、行動に移して成功したのです。

また、人は時として大きな時代の流れ、思想の渦の中に巻き込まれることもあります。しかし、それは沢雷随とは関係のないことです。単に靡《なび》いているだけにすぎません。あくまで**人生の主人公はあなた**であり、正しくないことに対しては断固として拒否する勇気が必要です。

「従う」というのは「賢人」の意見に従うということも意味していますが、ここで大切なことは、あなたが仮に優れた賢人の意見を取り入れ、事に当たった場合に、もし仮に失敗したとしても、

「あの人のアドバイスに従ったせいでこうなってしまった……」

と愚痴をこぼさない決意と覚悟をしたうえで随っていくことが大切です。そのことによって初めて「吉」となっていくのです。

18 山《さん》風《ぷう》蠱《こ》

慌てるな。まずは整理せよ。

山風蠱の「蠱」は、皿の上に虫が3匹のっている気味の悪いイメージといえます。この卦はいろいろなものがごちゃごちゃになっている様子を表しています。ですから、この卦が出た場合は、**課題をよく見極め整理する**必要があります。

一般的に、物事を考えすぎると、かえって頭の中が混乱し、行動ができなくなることが少なくありません。案ずるよりも産むが易し、心に抱えている心配や杞憂を、一旦脇において行動することも大切です。

しかし、山風蠱が出た場合、問題が通常よりも複雑にからまっていることが予想されます。ですから、まず「あなたの力で変えられること」と「変えられないこと」を明確に分けることが必要です。そして、「変えられないこと」は受け入れ、「変えられること」を勇気を持って変えていきましょう。

そして、課題をすべて書き出すのです。「しなければならないことか否か」をチェックし、優先順位をつけていきましょう。人間は意外にもどうでもよいことを「しなければならない」と勝手に固執していることが少なくないからです。

また「緊急性」と「重要性」という基準で判断するといろいろなものが見えてきます。緊急度も重要度も高い課題はすぐに行なうべきですが、「緊急ではないが重要なこと」も疎かにしてはいけません。それを踏まえたうえで行動計画をつくると、心の混乱が解消されるだけでなく、飛躍へとつながっていくのです。反対にほったらかしにしておくと、いつまでも「いつかやらないといけない」という負担を背負うことになってしまいます。

次に行なうべきは「**徹底的な掃除**」。悩みの多くは環境の混乱から発生することが少なくありません。レオナルド・ダ・ヴィンチは「あなたの魂が肉体の中にどのように入っているかを知りたければ、あなたがどんな部屋に住んでいるかを見ればよい」と語ったそうです。

そして、「人間関係」という観点では、関係を断ち切るだけでなく、関係性を修正すべきことも暗示しています。

さらに、組織の改革を勇気を持って行なうことを促しています。さまざまな軋轢《あつれき》や痛みを伴っても、大なる命を活かすために、小なるものを断ずることが大切です。

19 地《ち》沢《たく》臨《りん》 ䷒

どうでもよいことに心を煩わせるな。

地沢臨の臨は「臨《のぞ》む」ということです。

これは何を暗示しているのでしょうか。

地沢臨という卦は、**大所高所から物事を見つめよ**というメッセージと捉えることができます。もし、あなたが何かの仕事にとりかかっている場合、今一度その意味を原点から見つめなおしてみてはいかがでしょうか。

「見つめなおす」というのは、細かい点にとらわれるのではなく、もっと大きな志、それこそかつて札幌農学校のクラーク博士が「少年よ大志を抱け！」と訴えたように、自らに志の旗を高く掲げることを課すのです。

そのときのポイントは、

「ワクワクする気持ち」

そして、

「成功したイメージの映像化」

の2つです。

「仕事は一生懸命努力しさえすれば、うまくいく」のではありません。同じ努力をする場合でも、その人間の志の大きさ、高さ、思いの強さによっても結果は左右されるものなのです。

今あなたが取り組んでいる仕事が困難にぶちあたっているか、順調に進んでいるかにかかわらず、もっと高い意識、強い思いを持って臨むことで、今までとは次元の違う発見につながるのです。

また、地沢臨が出た場合、もしあなたが人間関係で悩んでいたとするなら、その悩みは**本当に必要な悩みかどうか**を問いなおしてみてください。

意外とあなたが悩んでいることそのものが、実はどうでもいいことに気づく場合も少なくないのではないでしょうか。

人間関係において特に大きな悩みを抱えていない場合であっても、今つながっている相手との関係をもっともっと高い次元で見つめなおしてみることで、思わぬ可能性が見えてくることがあるものです。

20 風《ふう》地《ち》観《かん》

䷓

思い込みから離れよ。
形にとらわれるな。

風地観の「観」は「観察」の観であり、「観自在菩薩《かんじざいぼさつ》」の観でもあります。つまり、**真実をよく見つめてみよ**ということを暗示しているのです。

実は私たちは物事を客観的に見て、「これが真実だ」と自分自身で信じている場合であっても、自分の偏見にとらわれて判断していることがほとんどです。つまり、「客観的」だと思っていても、「主観的」であることが多いのです。

ギリシャの哲学者であるソクラテスは「無知の知」といいました。人は、通常、本当は知らないにもかかわらず、「知っている」と言い張るものですが、「知らないことを知っている」ことの重要性を説いたのです。

ではどのようにすれば、真実を見極められるようになるのでしょうか。

ときには人の目を借りることも必要ですし、今一度一つひとつの事柄をじっくりと見つめなおすことが何よりも大切です。

「神は細部に宿る」という言葉があります。大ざっぱに前向きに考えて、「まあなんとかなるさ」という気持ちを持つこともときには必要ですが、「最善の上にも最善」を目指して徹底的に取り組むことで、いろいろな発想や発見につながります。

もうひとつ、風地観はあなたにとっての精神的な満足を促している卦であることも忘れてはいけません。

私たちは何か困難なことを達成することによって満足を得ることができます。つまり、「真の満足」とは、内なる世界の充足によって得られるものなのです。

逆に「宴のあと」ということがいわれますが、一生懸命何かを成功させようと思って頑張ったにもかかわらず、それが実現してしまうと意外と感動もそれほどでもなかったり、かえってむなしさがこみ上げてくることもあります。それは自分では目標や夢だと思っていることが、本音で考えた際には、「人からどう思われるか」という意味での見栄であったり、世間の基準に合わせているだけだったということに気づいてしまうからなのです。

岩の上に座って瞑想する必要はありませんが、**自分にとっての真の満足や喜びは何か**について深く見つめ、そこに意識の照準を合わせてみると、人生はより馥郁《ふくいく》たる香りに包まれていくものです。

21 火《か》雷《らい》噬《ぜい》嗑《こう》 ䷔

今が頑張りどころ。負けるな。

この「噬嗑」という言葉は、多くの方にとってはじめて耳にするものではないでしょうか。

これは「ぎしぎしと歯で嚙み砕く様」を意味する言葉です。

つまり、今、あなたの目の前に、頑張って嚙み砕かなければならない障害が存在していることが示されているのです。また、現在、そのような障害が見当たらない場合であっても、これから障害が現れる可能性を暗示しています。

ではこの卦は私たちに何を伝えているのでしょうか。

それは「**頑張れ、突き破れ、耐え忍べ**」というメッセージです。

私たちは障害に出くわすと、一瞬ひるんでしまいます。「失敗したらどうしよう」「人に嫌われたらどうしよう」「解決のためにどれだけ時間がかかるのだろうか」と。

しかし、そのような場合においても、私たちが勝利を確信し、「絶対に撤退しない」と決意して取り組むならば、必ず道は開けていくでしょう。

かつて私が在籍していた松下政経塾には塾是・塾訓・五誓というものがあります。その五誓の第一条に「素志貫徹」という言葉が登場します。その但し書きには「常に志を抱きつつ懸命に為すべきを為すならば、いかなる困難に出会うとも道は必ず開けてくる。成功の要諦は、成功するまで続けるところにある」と書かれています。

障害とは、困難なことであったり、問題人物であったり、あるいはときには自分自身の心の中に巣食う甘えであったり、もう駄目だという失望感であったりもします。

この卦が意味するのは障害の種類にかかわらず、**とにかく諦めない**ことが肝要であるということです。

「我に七難八苦を与えたまえ」と天に祈ったのは戦国の武将山中鹿之介ですが、困難に対し、ぐっと足を踏んばって正面から対峙《たいじ》し一歩一歩その障害を克服していくことで、やがて素晴らしい山の頂に到達することができるのです。

どんなに成功した経営者やスポーツ選手であっても、最初から成功していたわけでも、ある日突然成功したわけでもありません。困難に際してひるまず、うろたえず、前進したからこそ、成功したのです。

22 山《さん》火《か》賁《ひ》 ䷕

人は外見も大事。軽んじるな。

「賁」という字は「飾る」という現象を表し、この卦は、あなたが今何かの課題に取り組もうとしているとき、2つのことを意識せよと問いかけています。

1つめは「中身が良ければ見栄えなどどうでもよいではないか」という考えでは駄目だというメッセージです。会社でいえば、良い商品であれば売れるかというとそうではなく、広告宣伝、プレゼンテーションの仕方によって結果は全く違ったものになります。

人間関係においても「人は外見じゃないよ。中身が大切だよ」とよくいわれますが、これも同じです。人間の内面など簡単にわかるはずはありません。その人が信頼に足る人かどうかを判断するには、まずは行動、言動、服装、姿勢など外に現れてくるものを頼りにするしかないのです。

そのように考えると、**外側を磨くことによって中身が整ってくる**ともいえるのではないでしょうか。つまりこの卦は、あなたが、仕事・プライベートな人間関係を考える際、あるいは趣味や遊びで何かをしようとしているとき、相手に対してどのように映るかを意識して、「外面を真摯に飾る」ことの重要性を説いているのです。

2つめに、この卦は、全く反対のことを問いかけてもいます。それは、あなた自身が物事に当たる際、**見栄や虚栄心に振り回されていないか**という戒めです。人の心には「認知の欲求」が潜在しています。認知の欲求とは「人から認められたい」という衝動のことです。そのため、誰もが知らず知らずのうちに、自分を大きく見せようとして無理をしたり、虚飾に陥ったり、過度な目標を立てたりしてしまいがちです。

その結果、「人に見せるためだけの目標」「人に勝つためのビジョン」というものができあがって、最終的には、途中で挫折したり、うまくいかなかったり、仮に成功したとしても真の満足を得られないということになってしまうのです。

ですから、今自分が取り組もうとしている課題が、自分の心の中のどのような欲求に基づいているのか再度検討し、地に足の着いた行動をとることが大切なのです。

つまり、この卦が出た場合、今の自分にどちらのメッセージが響くか問いなおしてみることが肝要であり、その結果、自分の行動を修正していくことで、実りある成果が生み出されていくのです。

23 山《さん》地《ち》剝《はく》

䷖

素直な心で真実を見つめよ。

山地剝の「剝」は「剝奪」するという言葉があるとおり、目の前の課題において、何らかの意味で「剝奪」される結果となる可能性があることが暗示されています。あなたが卦を出そうとしたということは、何らかの意味で心の中に不安や迷いがあったからだと思いますが、その**疑念を払拭せずに前に進んだとしたら、将来に禍根を残す結果となる**でしょう。

どんな状況でも「なんとかなるさ」と楽観的に考えることは良いことですが、楽観的に考えることと、問題の所在に目をつむり、無闇に進んでいくことは別問題です。この卦は「小人（つまらない人）たちが幅をきかしている」ことを意味しており、その意味で自分の真実の姿を真摯に見つめなければならないのです。

たとえば、投資話・儲け話などで、客観的に見れば「そんなうまい話はないだろう」「何か裏があるに違いない」と思えることにも、私たちはころっと騙されてしまうことがしばしばあります。

ずいぶん前のことですが、私にも苦い思い出があります。あるとき、友人の紹介で証券マンが訪ねてきました。その風貌をぱっと見た瞬間「怪しい」と直感したのですが、その証券マンは言葉巧みに私に話をし、

「私は小田先生のような素晴らしい方にこそ儲けていただきたい」

と歯の浮くようなお世辞を並べ、ぼーっとしている間に、結局私はかなりの資金を入れることになってしまったのです。

結果はいうまでもなく大失敗で、投資した会社のうち1社は2カ月で倒産、残る2つの株価も急降下で大損してしまいました。このような結果を招いた最大の原因は、私自身の「私利私欲」であり、それが真実の目を曇らせてしまうのです。

今一度自分自身がすることを原点に立ち戻って見つめてみると同時に、少しでもひっかかる人や事柄があれば、それをクリアにしたうえで前に進んでいくべきであり、**決して焦って進んではならない**ということを山地剝は教えています。

この卦のポイントは「問題点の解消」「時を待つこと」「焦らないこと」「足るを知る精神」なのです。

24 地《ち》雷《らい》復《ふく》

☷☳

チャンスは訪れる。その兆しを大切に。

この卦を見てみると、一番下の初爻《しょこう》以外はすべて陰になっています。つまり、ようやく陽のエネルギーが少し出始めたので、**これからの未来に対し、希望を持て**ということを暗示しているのです。もしあなたが今非常に苦境に陥っているとするなら、まさに「一陽来復」であり、絶望してはならないということを表しているのです。

私が仕事をし始めた血気盛んな20代の頃、大変な失敗をして資金も信用も失ってしまったことがあります。なんとかしようともがいてみたのですが、事態は悪くなる一方でした。そんなとき、親しくしていた牧師の方から「あなたは今油壷にはまっているのです。もがけばもがくほど沈んでいきます。諦めて油壷の中で浮かんでいるのがいいのです」と教えていただいたのです。私も思うところがあり、状況に身を任せてみました。すると、不思議なことにその瞬間から「大変だ」と思っていたことが、全く違った見え方をし始め、次第に状況が好転していったのです。

つまり、この卦は、目の前の問題に悲観するのではなく、あるがままに受け止めて進んでいくことの必要性を説いているのですが、ただし、一足飛びに成果が出ることを期待してはいけないということも暗示しています。まだまだ陽のエネルギーは薄く、ささやかなものですから、拙速に成果を出すことを考えてはいけません。

さらに「復」のエネルギーは、かつてやりたくてもできなかったこと、今まで行なっていたことを改めて行なうときに良い成果がもたらされることも示しています。

よく幼い頃の夢をひとつずつ捨てていくことが大人になることだなどといわれますが、本当はそうではありません。私事で恐縮ですが、中学生の頃にフルーティストになりたいと思っていたことがあります。残念ながら才能がなく、途中でやめてしまいましたが、30年後に再開し、全国横断フルートツアーを実現することができました。**人が何かを再開するのに遅すぎることはない**のです。

いろいろな事情でかつてはうまくいかなかったことも、状況の変化により「天の時」「地の利」がそろうことがあります。今がそのときかもしれないと希望を持って進みたいものです。

また、新しいことを始める場合においては、それがかつてのあなたの目標や行動と結びついていれば、より「復」のエネルギーを得られる可能性があります。

25 天雷无妄《てんらいむぼう》

䷘

運命に安心して身を委ねよ。

天雷无妄とは「天の流れ、誠の声に身を任せる」という感覚を指しています。

世の中には、明確に自分の人生のビジョンを掲げ、それを一つひとつ実現していくタイプの人がいます。それはそれで大変素晴らしいことなのですが、世の中の実相を見つめてみると、**人智を超えた縁や運気の流れ**というものがあるような気がしてなりません。

私は人間教育の一環として脳力開発のプログラムを実施しています。おかげさまで多くの方々に受講していただいていますが、始めるきっかけは、たまたま知り合った学校の先生から「子どもたちの脳力をどのようにしたら高めることができるのか。その方法を教えてほしい」という依頼を受けたことです。そして、試行錯誤しながらプログラムをつくった結果、数万人の人々が受講するまで広がったのです。

いろいろな方々の人生に静かに耳を傾けてみると、明らかに、その人自身に「まさにそのとき」と感じられるようなタイミングが訪れていることがわかります。それは、もし、そのタイミングがほんの少しでもずれていたら、今のようにはなっていなかったといえるようなタイミングです。

もちろん、その方の努力は絶対条件ではありますが、その努力をはるかに超える天の力を感じざるをえないことがしばしばあります。

天の意志に従うということは流れに乗るということです。**その天の流れに乗ったときには、なぜか物事がうまくいく**のです。

もし、あなたが「右に行きたい」と思ったとして、全体の流れが「左の方向に行け」ということを指し示していたとしましょう。そのときこの无妄は、「その流れに任せよ」ということを教えているのです。

その際のポイントは「無私の精神」です。自分の欲望から物事を判断するのではなく、天の意志から判断することが肝要なのです。

したがって、无妄の卦はより大きな「誠実の徳」からの行動を要求しているのです。自分の欲望の曇りガラスを磨いて、无妄の境地で対処すると、当初の自分の思いとは違う方向になったとしても、大きな成果が得られることを教えています。

26 山天大畜《さんてんたいちく》

自力を蓄えよ。素晴らしい実りがある。

山天大畜の「大畜」は大きく蓄えるという意味であり、これから向かう課題に対し懸命に努力し、**自力を蓄えるなら素晴らしい実りがある**ことを暗示しています。

見方によっては世の中は公平だといえますし、不公平だと捉えることもできます。一生懸命頑張ったからといって、必ず成果が出るわけではないからです。

しかし、この山天大畜は、準備し、内実を充実させるなら、予想以上の結果を生み出すことができるということを教えています。

そして同時にこの卦には、拙速に事をはかり、急いで成果を出そうとすると予想以上に悪い結果をもたらしてしまう可能性があるという警告の意味があります。

以前、知り合いの経営者の方から新しい事業についての相談を受けたことがあります。その方は新しい分野に進出したいということで、今ビジョンを練っているところだとおっしゃいました。お話をお聞きしたところ、とても興味深い内容であり、この方もいささか易の心得があったため、この事業をするにあたってどのように取り組んでいったらよいか卦を出そうということになったのです。そのとき出た卦がこの山天大畜でした。

この卦が出た瞬間、彼は大変喜んだのですが、しばらくして思案をし始めました。確かにこのままの計画で新事業を始めても問題はない。しかし、この卦が出た以上もう一度中身の充実をはかろうと考え、予定を1カ月延期しました。

結果的には、その間にいろいろなアイデアが出てきたり、もし早期にスタートしていたら起こっていたであろう問題点が浮き彫りになってきたりしたのです。彼はそれらをしっかりと整え、万全の構えで新事業に乗り出したのでした。

開始当初はロケットスタートというわけにはいかなかったものの、その会社は次第に力をつけていき、1年で売上を2倍に伸ばし、現在も快進撃を続けています。

今でも彼は、「あのとき出た山天大畜の卦は私にとって値千金でした」と、ことあるごとにいっています。

この卦はたとえ、今、目に見えた成果が出ていなくても、焦ることなくじっくりと準備をすると、あるとき形になって現れてくるということと同時に、**実力が伴わないことを性急に行なうと、大失敗する**ことを意味しているのです。

27 山《さん》雷《らい》頤《い》 ䷚

「いい言葉」「いい食事」を心がけよ。

山雷頤の「頤」は、「顎《あご》」のことを指します。そこから導かれるメッセージは「言葉」と「食」です。口の主な役目は話すことと食べること。この卦が出たということは、この「言葉」と「食」というものに意識を向けよということなのです。

言葉は私たちが人に何かを伝えるときの道具です。言葉によって相手から信頼されたり、誤解を招いたりすることは少なくありません。この卦は相手に対し、**誠実な言葉を投げかけよ**といっているのです。安請け合いをしたり、自分の手柄を話し続けたり、誰かの悪口をいったり、「できない、難しい、無理」というようなマイナス言葉を使うことで、現実そのものがマイナスに引きずられ、良くない結果を招くことになるのです。まさに「口は災いのもと」です。

そしてさらに、言語力の錬磨の大切さも説いています。よく「私は口下手なので……」と言い訳する人がいますが、生まれつき口下手な人はいません。ほんの少しの練習と意識の集中で伝える力を大きく変化させることはできるのです。

以前「日本話し方センター」を主宰されていた故江川ひろし先生は、スピーチの失敗の原因の90％は準備不足にあるとおっしゃっていました。つまり、話し方ばかりに気をとられるのではなく、日頃から言葉のセンスも磨いておくべきなのです。

次は「食」について。この卦は食による健康を意識せよとも教えています。

人生における最大の課題のひとつは健康です。健康維持の三原則は「食事」「運動」「睡眠」です。健康を害してしまったらすべてを失ってしまうことになりかねません。

私もそうなのですが、若い頃は暴飲暴食しても意外に平気なものです。しかし、若い頃の不摂生は必ず、40代、50代になって体に悪影響を与えることになります。「俺の人生太く短くていいのだ」とうそぶいてみても、人生では取り戻せないものがあるのです。

巷にはいろいろな健康法があふれ、どれが正しいのか判断に迷うところです。「1日3食か、1食か」「牛乳は健康にいいのか、悪いのか」「肉は長寿に不可欠か、不要か」……。かつて15キロの減量に成功し、腰痛、疲労感などから解放された際、私が注意したのは、「**一つひとつの食べ物をしっかりと丁寧に食べる**」という基本的なことでした。ぜひ、みなさんも自分なりの方法で食と向きあっていただければと思います。

28 沢風大過《たくふうたいか》

䷛

高望みはしない。分をわきまえよ。

沢風大過の「大過」は大きく過ぎていることを表しています。ということは、この卦はあなたが今直面しているその課題は、あなたにとって**いささか「荷が重すぎる」ことを暗示**しているのです。

また、その課題によっては、あなたがそこから招来される結果に対し、「高望み」をしていることも同時に表しています。

では、どのように考えればいいのでしょうか。

1つめの方法は、あなたの目標をもっと達成可能なレベルにまで下げることです。心理学者のビクター・ブルームが提唱した「ブルームの期待理論」によれば、人のやる気というのは達成可能性が50％のときに最も高まります。簡単すぎるからなのか、実現の可能性が100％のものに対しては、人はやる気にならないというのです。そして、反対に可能性が0％に近いものは、いくらその課題が魅力的であっても、実現の可能性が低すぎて、やはり人はやる気になれないようです。

もちろん、可能性が1%であっても、「必ず成し遂げる」という燃えるような信念を持ち、成功させている人はいます。

つまり、どのような道を選択するかは、結局のところ、あなた次第なのです。ただ、無理をした状態のままで、その課題に取り組めば、必ず後に禍根を残すことになるでしょう。

2つめの方法は、課題解決までの間に「ホップ」「ステップ」「ジャンプ」の3段階の目標を設定することです。つまり自分が目指す最終のゴールよりももっと手前に小さな一里塚を設定し、その実現のために注力するのです。そして、手応えを感じたうえで次に進むようにすると、大きな目標であっても、達成可能性がぐんとアップするでしょう。

あなたが本気で目指すものは、あなたにとってとても大切で、かけがえのないものだと思います。しかし、やりすぎてしまうと、「**過ぎたるはなお及ばざるがごとし**」となってしまうこともあるのです。

やってもやっても成果が現れない場合は、一度休息をとったりと、体を休め、気分をリフレッシュさせてから、もう一度挑戦してみてはいかがでしょうか。

29 坎《かん》為《い》水《すい》 ䷜

水が引くまで待て。流れに身を任せよ。

この坎為水の卦は四大難卦のひとつであり、感覚的に表現すると「水に溺れている状態」ということになります。苦境にあえいでいる状況が何らかの形で出てきていて、また今後も出てくる可能性があることを暗示しているのです。

では、今、溺れているような状況に立たされているとしたら、どうすればいいのでしょうか。ひとつは**水が引くまで「待つ」**ことです。どんな洪水であってもやがては水が引き、太陽が燦々《さんさん》と照りだすものです。

自分が心を込めて行なっていた仕事で失敗し、また愛する家族も失い、「もう自分は駄目だ」と絶望していた方がいらっしゃいました。ふと思い立って、卦を占ったところ、この「坎為水」が出たそうです。

そのときその方は「そうか、水が引かない洪水はないのだ」ということに気づき、はっとしたといいます。そして、ただ時の流れに身を任せてみたところ、二度と再生しないと思っていた自分の心がだんだんと蘇ってきたのです。

もうひとつの対処法は「水」という状況の中へ入り込んでしまうことです。昔の歌の中にも「身を捨ててこそ浮かぶ瀬もあれ」という言葉がありますが、この言葉はあることを教えているのです。

それは、「苦しみから逃れようとすればするほど、その苦しみは追いかけてくる。むしろ、その苦しみの中へどっぷりと入っていったら、そこに救いの道がふっと開ける」ということです。

もしあなたが今、何かの意味で苦しさの中でもがいているなら、そこから無理に這い出そうとするのではなく、**力を抜いて水に浮かんでみる**ことです。きっと別の光が差してくることに気がつくでしょう。

もうひとつこの坎為水が教えることとは、溺れるという問題が発生した原因があなたの「誠の欠如」にあるということです。自分の判断が正しいと誰もが信じているでしょう。しかし、仕事においてどこか手抜きがあったり、道に外れたことを行なっていたり、知らずに人の機嫌を損ねていたりといったことはないでしょうか。

今一度、誠実に物事のありようを見つめ、具体的に言動・計画を改善していくことが肝要です。

30 離《り》為《い》火《か》 ䷝

「情熱」こそが、人生を動かす。

離為火は「火」であり、「情熱」のことを指し示しています。

日本を代表する経営者のひとりであった稲盛和夫氏は、生前「人生の成果を決するものは、考え方と熱意と能力のかけ算である」とおっしゃっていました。

あらゆる物事に対し、生まれつきの天才というものは存在しません。**天才というのは並外れた努力を営々とし続ける情熱を持つ人**のことをいうのです。

人はなぜ情熱を抱くのでしょうか。情熱を傾けるプロセス、そしてその成果によって、「感動」することができるからだと私は考えています。

この離為火の卦は、あなたが真の情熱を傾け、希望を持って進むなら、光り輝く素晴らしい成果が生み出されることを暗示しているのです。

そして、同時にこの卦は3つの注意を喚起しています。

まず、炎というのはどんなに美しく燃えていても、火そのものが燃えているわけではありません。火は木、石油、石炭、油などがあることによって初めて光を放つことができるのです。自分が今、何によって燃えているのかを吟味することが大切です。我欲を満たすことが目的で燃えているのなら、その光はくすんだものになるでしょう。

2つめは、炎は空気を送り込むことでより燃え盛るということです。

ロンドンオリンピック後、女子卓球を銀メダルに導いた村上恭和《やすかず》監督のお話を伺う機会がありました。お話をお聞きする中で、あの輝かしい成果は平野早矢香《さやか》選手、福原愛選手、石川佳純選手の奮闘の賜物であると同時に、村上監督の緻密な戦略と多くの方々のサポートの成せる業であったことを痛感したものです。このことは私たちに、「火」が燃えるためには、自分を鼓舞する指導者、コーチ、アドバイザーが必要だということを教えてくれています。

3つめは、炎は燃料が切れてしまえば、消えるということです。つまり、この離為火の卦は「**継続する力**」の重要性を説いているのです。

物事を開始する際にはワクワクしていたとしても、たちまち飽きてしまっては何にもなりません。困難に直面して途中で火が消えかかることもあるでしょう。しかし、常に燃料を注ぎ続けるならば、最後には火は大きく燃え盛ることでしょう。そのときまでやり続ける覚悟が求められているのです。

31 沢《たく》山《さん》咸《かん》 ䷞

「直感」に従うことも大事。

沢山咸の「咸」は感じることを意味しています。つまり、この卦は「**自分の直感に従え**」ということを暗示しているといえるのです。

人が人を好きになる。人が何かを仕事とする。人が何か趣味を持つ。また、人が何か夢を描く……。その根本にあるものは何でしょうか。

それは「感じる」ということです。

人は必ずしも「正しいから」「義務だから」といって、何かを「行なう」わけではありません。私は今、人間教育を天命と信じ、日々過ごしていますが、人が目の前で成長していく姿がたまらなく好きだから行なっているのであって、義務感から始めたわけではないのです。

私事ばかりで恐縮ですが、私は卓球を趣味としています。「なぜ卓球をするのですか」と問われたなら、「とにかく奥が深くて、球を打っていると心の中に『幸福感』が満ちあふれてくるから」と答えるでしょう。もちろん、これは私の感じ方であって、万人がそうであるわけではありません。

人それぞれ「感じる」対象は違いますが、人は「感じる心」を磨くことで、いろいろなものが見えてくるようになると同時に、人生がどんどん豊かになっていくのです。そして**直感的に「いいね！」と思ったことが、結局はうまくいく可能性が高い**ということを、この沢山咸は教えているのです。

では、その逆はどうでしょうか。もし、条件がしっかりと整っていて、うまくいくように見えたとしても、直感的に「怪しい」と感じたり、胸騒ぎが少しでもしたら、やめておいたほうがいいでしょう。

人とのつきあいでも同じことがいえます。世の中にはなんとなく危ないと感じる人がいるものです。そう思うならつきあう必要はありません。たとえ自分に何かをもたらしてくれそうであっても、つきあわないほうがいいでしょう。

まずは、自分の心に問うてみることです。稲盛和夫氏は生前、「動機善なりや、私心なかりしか」ということを常に省みていらっしゃいました。心の目が曇っていたなら、直感の声はかき消されてしまいます。深く心を見つめ、真実の声を聞いてから事に当たるといいでしょう。

32 雷《らい》風《ふう》恒《こう》 ䷟

倦まず、たゆまず、やり続けよ。

雷風恒の「恒」は「恒久」を意味しています。

つまり、これから進んでいく道において、今まで行なってきたことを、よりいっそう心を込めてこつこつとやり続けていくことの必要性を説いているのです。

成果というものは行なった回数に比例するものではありません。勉強であれ、スポーツであれ、音楽であれ、仕事であれ、練習・修練を重ねていると、あるとき突然、格段に進歩することを「**レミニセンス現象**」といいます。ブレイクスルー（突破）現象といってもいいでしょう。

しかし、その瞬間までは本当に進歩しているのか、うまくいっているのかわかりません。ですから、たとえ目覚ましい成果が出ていない場合でも、辛抱して腐らず進んでいかなければなりません。

一攫千金という言葉があるように、何かの拍子で一夜にしてお金持ちになる人がいます。しかし、人間としての品格はそう簡単には身につけることはできません。品格だけでなく、信頼、信用、健康なども一朝一夕に得られるものではないでしょう。

宮本武蔵は「千日の鍛、万日の練」といいました。何事も3年やり続けるとようやく入り口に立つことができる。そして、30年やり続けると真理に到達することができるという意味だそうです。

もちろん、この卦が出たからといって30年やり続ける必要はないかもしれませんが、成果が出るまでひとつのことをしっかりやり続けるといいでしょう。

その際、繰り返し繰り返しやり続けるといっても、ただ漠然と同じことをしているだけでは駄目です。自ら考え、工夫する必要があります。「最善の上にも最善を目指す」心意気が求められるのです。

そしてもうひとつ、今あなたが何か新しいことに取り組もうとしている場合には、畑違いのことに手を出すのはあまり得策ではないということをこの卦は暗示しています。

したがって、一旦今の計画を白紙にして、「そもそもの目的は何か」「誰を幸せにできるのか」というように、もう一度原点から練りなおし、出直しをはかるか、計画の中に、今まで継続して行なってきたことをしっかりと組み込むといいでしょう。

33 天《てん》山《ざん》遯《とん》

䷠

人生「逃げるが勝ち」のこともある。

天山遯の「遯」は「遁走《とんそう》」することを意味しています。

ですからこの卦は「**逃げるが勝ち**」ということを暗示しているのです。

「逃げる」というと、なんとなく消極的なイメージを抱きがちですが、この卦はその逆の積極的な要素を持っています。人は自分の見栄やこだわり、過去の習慣などからなかなか逃れられないものです。「これでは駄目だ」と感じたなら、さっとやめる引き際が肝心なのです。

そして、物事はなんでもすべて、どんどん実践していけばうまくいくものでもありません。

「押しても駄目なら引いてみな」という言葉があるように、**一旦退却することで道が開けることも少なくない**のです。

書籍や映画にもなった有名な「八甲田山死の彷徨《ほうこう》」においては、勇敢な隊長が進軍という判断をしたため、結果として全滅することになりました。ときには勇気ある撤退が良い結果をもたらすのです。

もうひとつの暗示は、今やっていることの中で、何かをやめることで、大切なものにエネルギーを集中させることができ、物事が前進するというものです。

「省」という字があります。これは「はぶく」ことであり、日本では○○省というように役所の名前にもついています。「省く」というのは、本来はいらないものを省き、物事をスムーズに前に進めることを意味していると考えられます。ですから、手間を惜しんで省くのではなく、「**物事を簡略化し、前進させる**」というもっと積極的な意味を持つ言葉だと私は考えています。

以上のように、この卦は、今取り組んでいること、あるいはこれから取り組もうとしていることのすべて、あるいは一部をやめることで「吉」となること、道が開けていくことを意味しているのです。

「退いて吉」

「引き際の美学」

という言葉が、天山遯にはぴったり当てはまるのです。

34 雷天大壮《らいてんたいそう》

自信を持って進め。
大きな福徳が得られる。

雷天大壮——特に「大壮」の文字の雰囲気から推測できるとおり、これから素晴らしい運気とエネルギーが満ち満ちてくることを暗示しています。これから何かを始めようという人は、**自信を持って前進すれば、予想を超える結果がもたらされる**ことになるでしょう。

「自己実現的予言」という言葉があります。私たちは何かに挑戦するとき、思いが強ければ強いほど、「もしかしたらできないかもしれない」という意識が心の中から湧き上がってくるものです。そして、結果として「できないかもしれない」という意識に引きずられ、自ら失敗する方向へ歩んでしまうことも少なくありません。

なにかの本で「自分の成功を信じて疑わない人のみが勝者となる」というフレーズを読んだことがあります。この言葉は真理であるともいえます。しかし、神ではない私たちには自分自身を100%信頼することはできません。自分の成功を願いつつも、「失敗するかもしれない」という不安を完全に打ち消すことはできないからです。

ですから、もし「うまくいかないのではないか」という疑念が生まれたとしても、それを打ち消す必要はありません。疑念をあるがままに認めつつ、未来の成功を信じ、一歩一歩行動を起こしていくべきなのです。「成功するかどうか」に意識を向けるのではなく、自分がやるべき「行動そのもの」に意識を集中させるとよいでしょう。

雷天大壮の卦が出たときには、決して「慢心」「過信」の心を持ってはなりません。「高転びに転ぶ」といって、人は得意の絶頂のときに失敗してしまいます。私たちが注意すべきは、調子がいいからといって、過剰な結果を求めすぎないこと。あえて前進のエネルギーを抑制することで、高い運気を持続させることができるのです。

運気を持続させるためには「惜福《せきふく》」ということを意識するのがいいでしょう。この惜福とは、幸田露伴の『努力論』にも登場する概念で、**自分に与えられた福を天に預けておくことで、自分の福が長持ちする**ことをいいます。自分に良いことが起こると、周囲に嫉妬心や羨望が巻き起こり、それがあなたの運気に邪気をもたらす可能性があります。そんなとき、この惜福が邪気を追い払ってくれるのです。

ワクワクとしたエネルギーを保持して積極的に行動しつつ、「中庸」「謙虚さ」を行動指針に加えることで永続的な喜びの状況を生み出すことができるのです。

35 火《か》地《ち》晋《しん》 ䷢

まもなく「大きな飛躍」を迎える。

火地晋の「晋」は「日出《いで》て、万物晋《すす》むなり」ということを表しています。

つまり燦々と照る日のもとで、物事が順調に進むと同時に、**物事のステージがより高い次元へと進化する**ことを暗示しているのです。

したがって、この火地晋が出たときには、より高い目標を掲げて進んでいくとよいでしょう。また、あなたが今何かの困難に直面している最中にこの卦が出たとするなら、長い目で見たときに、**今の苦境があなたに大きな進歩と成長を促している**と考え、その苦難から逃げずに、真正面からぶつかっていくべきなのです。

その困難のレベルによっては、すぐに解決できないものもあるでしょう。しかし、未来には必ず意味のある飛躍が用意されています。

そして、太陽が燦々と照り輝く状況というのは、光の強さによって、いろいろなものが明らかになるということも意味しています。

つまり、今まで隠されてきた問題点が浮き彫りになり、思わぬ形で足下をすくわれる可能性があることを暗示しているのです。

そのため、この火地晋の卦が出た場合には、より自分の心を透明に保ち、誠実であることを心がけなければなりません。

人はそれまでお金に困っていたとしても、一度、多額のお金を儲けてしまうと、たちまち過去の苦労を忘れ、気持ちがゆるみ、生活習慣を一変させてしまうことがあります。高価なものをたくさん買ったり、豪遊したりして散財してしまうのです。お酒・異性・ギャンブルなどにうつつを抜かし、家庭を壊したり、信用を失ってしまったりする成功者も少なくありません。

この「晋」というのは、その卦を出した分野において、人生のステージがより高い次元へと移行する可能性があることを示しています。

しかし一方で、何か問題を抱えているなら、その問題が白日の下にさらされることで、せっかくの状況に水を差してしまう可能性もあるのです。そのため、**以前よりも一段と身ぎれいにしておかなければならない**のです。少しでも気になることがあるなら、これを機会に見直しておきましょう。そうすることで心おきなく前に進むことができるのです。

36 地《ち》火《か》明《めい》夷《い》 ䷣

じたばたするな。夜明けまで待て。

地火明夷の「明夷」は、「明るさ」が「傷つけられる」状態を指しています。そして、この卦を見ると、上の卦が「地」であり、下の卦が「火」です。

明るい火が地面の下にあるのですから、真っ暗闇の状態です。こういう状態で歩くなら、道につまずいたり、崖下に転落したりということにもなりかねません。真っ暗な夜道であっても、松明を掲げて歩くことはできますが、地火明夷は**じたばたするのでなく、夜が明けるまで、「待て！」**ということを教えてくれているのです。

ある会社の課長をされていた方のお話です。

その方は課内の人事のことで大いに悩んでいました。同じ課のスタッフ同士が反目していて、そのうちの1人を別の部署に異動させようかどうか迷っていたのです。いろいろと社内で根回しをし、異動するのはA君だということになったのですが、心にひっかかるものがありました……。

陽転易学を学んでいた課長は、ふと思い立ち卦を出してみることにしました。

そのときに出たのがこの「地火明夷」だったのです。課長は、A君の異動を延期するとともに、反目しているA君とB君から本心をゆっくり時間をかけて聞くことにしました。地火明夷は「暗闇」の卦であり、じたばたしても始まらないと考えたのです。課長は自らの主張を振りかざしたり、諭したりせずに、ただ彼らの気持ちをよくよく聞いてみました。

その結果、多少時間はかかりましたが、2人の誤解が解け、お互いがっちりと握手することができたというのです。

「あのとき性急に異動させなくて正解だった」

と課長はしみじみと述懐していました。

「待つ」という行為は決して消極的な態度ではありません。むしろ**時が合致するまで待つという行為は、とても創造的なもの**であるといえるでしょう。

暗闇の中に光が差してきたときの感動は、順調に進んでいるときには味わえないほど素晴らしいものではないでしょうか。

「太陽が昇らない夜はない」というのは本当なのです。

37 風火家人《ふうかかじん》

䷤

外を向く前に、まず内を固めよ。

風火家人の「家人」は、家の人を意味し、この卦から得られるメッセージは「自らの内をおさめよ」なのです。

『「礼記《らいき》」大学』に出てくる章句を一言で表現した言葉に「修身斉家治国平天下《しゅうしんせいかちこくへいてんか》」というものがありますが、どんなに大きな夢を描いても、まず自分自身や家をおさめられずに大きな仕事はなしえないということを意味しています。

また、禅の言葉には「脚下照顧《きゃっかしょうこ》」というものがありますが、自分の足下をしっかりと見ることがすべてのスタートであることを教えています。

風火家人は、**外に向けている目を一旦内に向けよ**ということを暗示しています。家やオフィスの片づけの基本は、あるべきものがあるべき場所に収まり、心地良い状態になっていることではないでしょうか。

それは人においても同じです。適材適所という言葉があるように、人もあるべき場所にあってこそ力を発揮することができるのです。

ある機械メーカーの部長のお話です。部をあげて新しい事業展開を見据えたプロジェクトがスタートすることになり、成功させるためにはどのような心構えで行なったらよいか、卦を出してみることになりました。

そのときに出たのが、「風火家人」の卦です。

この卦を見て部長は、プロジェクトの構成員と役割について再検討を施すことにしたといいます。結果、あるメンバーが役割に必要なスキルを身につけていないことが判明し、メンバーの入れ替えを慎重に行なうことができました。「もし、そのまま進めていたら、大変なことになっていた……」と部長は胸をなでおろしたのです。

人によっては、「家を整える」ことが暗示されていることもあるでしょう。プライベートな空間の充実があってこそ、公的な働きが十二分にできるようになるのです。もし、**家庭などに問題があるなら、放置せずに整えることに尽力**するのが吉です。

人間関係の確立、実力の錬磨、知識の充実、役割の納得、問題点の解消、心の平安、環境の整備、不要物の処理、情報の整頓、体の健康の重視……、これらが整ったときに初めて、外に向かって力強く物事が動いていくのです。

急がば回れ。原点をしっかりと見つめなおすことが肝要なのです。

38 火《か》沢《たく》睽《けい》

☲☱

敵対する相手の話こそ、しっかり耳を傾けよ。

火沢睽の「睽」は「反目」を意味しています。卦の上の火は上に昇り、沢は下に流れる……。要するに向かう方向が真逆であるということを示しているのです。

この卦が出た場合、これから「反目」といえる状況となる、あるいはすでにそのような状況にあることを教えています。

相手との関係が反目するのであれば、その関係を絶つことも選択肢のひとつになりますが、陽転易学においては、心を透明にして反目している**相手の話によく耳を傾けるべき**だと考えます。

デール・カーネギーは『人を動かす』の中で「あなたが人を動かしたいと思ったら相手の話を熱心に聴け」と語っています。相手の話をよく聴いたうえで、自分の意見もしっかりと述べ、着地点を探る。ポイントは相手への「傾聴」にあるといえます。

陽転易学を学んでいるある方は、この易に出合う前、既存の易を8年やっていたそうです。あるとき、新しい事業を始めることになり、クライアントの社長さんと初めて面会することになり、出た卦が火沢睽。彼は、最初、取引先の社長とはうまくいかないだろうと考えました。なぜなら「反目」であるからです。しかし、陽転易学を学んでいたため、一度深く考え、縁を絶つのではなく、相手の話を真剣に聴いてみようと決心しました。

お会いしたところ、確かに相手の社長は彼が得意なタイプではありませんでした。それでも、彼は真剣に相手の話を聴きました。面会時間が終わる頃、社長が「今日は私の話を本当によく聞いていただきありがとうございました。ぜひ一緒に仕事をさせてください」といって、好条件の契約を結ぶことができたのです。

「陽転易学の考え方は、今までの易とは真逆ですね」――後日彼からその言葉を聞き、こちらが心を開けば、相手も心を開く、人間関係は鏡の法則だと再認識したものです。

もうひとつ、火沢睽が出た場合に注意しなければならないのは、反目状況が生まれると、私たちは「相手に非がある」と考えがちだということです。そうではなく、本来、**原因は自分にあると思考することが大切**だと私は考えます。問題の原因は自分にあると考えられる人だけが問題を解決することができ、大きく成長していくのです。

火沢睽は**自己発展の礎となる卦**といえます。

39 水《すい》山《ざん》蹇《けん》 ䷦

手足がかじかんでいる時に、暖をとれ。

水山蹇の「蹇」は、寒さで足が萎《な》えて、歩行が困難な状況を指しています。

つまり、今、目の前にある事柄に対して足が動かない状態にあるなら、それを無理に動かそうとすると、かえって心に恐怖心を呼び覚ましてしまうことを暗示しているのです。

私はかつて、夜寝ているときに金縛りを経験したことがあります。意識は鮮明であるのにもかかわらず、手足がまったく動きません。その瞬間は実に怖ろしい感じがして、なんとかして手や足を動かそうとするのですが、もがけばもがくほど、気持ちばかりが焦って、一向に体は動かない……。しかし、そのまま「まあいいや」とほうっておくと、やがて恐怖心も消え去り、間もなく元の状態に戻ることができたのです。

もし、水山蹇が出たなら、**じたばたせずにとりあえず、じっと待ってみてはいかが**でしょうか。実はそれこそが最良の解決策だったりもするのです。

もちろん、通常であれば、無策というのは解決への道を閉ざしてしまう原因の筆頭にあげられるものです。しかし、この卦が出た場合は、一度、動かず、じっと待ってみるのです。そうすると足の萎えが治って、正常な状態に戻ることができます。

また、蹇は寒さで足が縮こまっている状態を指しているので、足を暖めることも対処法のひとつです。つまり、**「英気を養う」**ことが肝要なのです。

ある作家の友人は、執筆活動の間に、意識的にぼーっとして、リラックスする時間を設けているそうです。彼女もかつては、無為な時間を過ごすことに罪の意識を持っていたといいます。しかし、不思議なことにたっぷりと自分を解放する時間を自分自身に与えると、心の底からやる気が湧いてきて、ワクワクしながら、原稿に向かえるようになったそうなのです。

「オン、オフの切り替え」という言葉がありますが、この「蹇」はオフの充実が大切であることを教えているのではないでしょうか。さまざまな課題に対し、いろいろ考えたあげく、思考が煮詰まったとき、その課題から意識を離し、リラックスしてみると、突然電光のように解決策が見えてきたという経験は誰にも一度はあるはずです。常に思考を巡らせていた意識がリラックスすることによって、無意識下の働きを誘発し、答えを導きだす——そのようなこともこの卦は教えてくれているのです。

40 雷《らい》水《すい》解《かい》 ䷧

問題は解決する。
しかし、別れの時でもある。

雷水解の「解」は「解決」の解。つまり、問題が解決する状況が到来することを暗示しているのです。『周易本義』では「解とは難の散ずるなり」といっています。したがって、この卦が出たときには、**必ず解決するということを確信していればよいこと**になります。

物事とはおもしろいもので、「それは難しい」とか「解決は無理だな」といっているときは、絶対に解決しないのですが、「これはうまくいく」といっているときには、不思議とうまくいくものなのです。

松下幸之助は、

「できない理由を100あげるよりも、解決策を1つでも考えよ」

といいました。

また、問題が起きると、その大変さにとらわれてしまい、解決の糸口に目が向かなかったり、見逃してしまうことがしばしばあります。

ときには、知恵者の言葉に耳を傾けてみてはいかがでしょうか。そして、いつも「いかなる困難も必ず解決する」といった考え方を身につけることが大切です。

この「解」という言葉はもうひとつ別の意味を持っています。

それは「解散」という意味。

つまり、仕事のプロジェクトにおいても、プライベートな人間関係においても、問題が解決して、誰もが納得する結果が出ることによって、「解散」、すなわち、**お互いの関係性を解消して、縁が切れる**ということを意味しているのです。

また、直面している問題そのものが解決するというよりも、何らかの形で、その問題との関係がなくなってしまうということも考えられます。

この雷水解がどちらの方向の状況を指し示しているのか、卦が出たそのときに確定することは難しいでしょう。ですから、自分自身の状況をもう一度しっかりと見据え、吟味し、自分がどちらに向かうべきなのかを自問自答してください。

問題が解決することは素晴らしいことです。しかし、時が味方せず、やむなく撤退しなければならないこともあるでしょう。そして、人生長い目で見てみると、必ずそれはそれで意味があるものなのです。

41 山《さん》沢《たく》損《そん》 ䷨

「損して得取る」ことも大事。

山沢損は「損」という字を含んでいる卦ですから、なんとなく嫌な感じがするのではないでしょうか。しかし、この卦が教えるところは、**「損して得取れ」**という思想です。

企業活動であれ、プライベートな集団での活動であれ、ある程度の人が集まると、メンバー間に温度差が生じることになります。一生懸命行なう人と、適当にやる人がどうしても出てくるのです。そうすると、一生懸命な人はメンバーを鼓舞してみたり、非協力的な態度に怒ったり、失望したりすることになります。しかし、そうした中で結局最後に大きな実りや喜びを獲得するのは、一生懸命な人だということです。

労力という点で見ると、適当に手を抜いている人のほうが楽ができていいように見えますが、その分、成果や喜びは少なくなります。

ですから、何かに取り組む際は、むしろ**困難に見えるコースを選ぶべき**です。そして、すぐに利益を手にしようとするのではなく、長い目で見ることが肝要なのです。

また、誰かと課題に取り組むのであれば、この卦が出た場合、自分が一番大変な分野を受け持つことをお勧めします。

それからもうひとつ、あなただけでなく、メンバー一人ひとりが主体性を持って取り組める状態がベストだといえます。「祭り酒」の話をご存じでしょうか。ある貧しい村で祭りをすることになったのですが、樽酒が買えませんでした。そこで村人それぞれが家の酒を持ちよって、鏡割りをすることになったのですが、「乾杯！」したところ、それは酒ではなく水だったというお話です。

「自分ひとりくらい水を入れても大丈夫だろう」「手を抜いてもわかるまい」と全員が思うことによって、結果として、大失敗、大損失を招いてしまう例は枚挙に暇がないのではないでしょうか。

そして、その対極ともいえる「偉大な仕事」というものは、一人ひとりが自分の利得を勘定に入れず、人の分まで頑張ろうと一生懸命努力し、粉骨砕身取り組むことによってできあがるものなのです。

この山沢損の卦が出たなら、あなただけでなく、メンバー全員が「損して得取れ」の意識で課題に取り組むことを心がけなければなりません。

42 風《ふう》雷《らい》益《えき》

䷩

衣食足りて礼節を知る。
富を大切にせよ。

風雷益の「益」は、「利益」の益ですから、これから何らかの形で物質的な利益が到来することが暗示されています。

私たちは物質によって幸せになるわけではありませんが、物質が人間の幸せの一部分を構成していることは否定できません。

「物から心へ」「物質的な豊かさよりも精神的な豊かさを」という思想はとても重要ではありますが、「衣食足りて礼節を知る」ということもまた真理なのです。物から心へというよりも**「物を豊かな精神性で包む」**というのが本当のところではないだろうかと私は考えています。

また、お金と聞くと、いまだに日本人はどこか後ろめたいものを感じてしまいますが、実際にはお金は汚くもなければ、清いものでもありません。その使い方によって、お金は万象に変化するものであり、散財することも、蔵に蓄えたまま使わないことも褒められた行為ではないでしょう。

風雷益が教えているのは、あなたが取り組む課題によって、どのような利益を得て、同時にそのことによって、あなた以外の誰がどのような利益を得るのか、そしてその利益は社会の中でどのような働きをするのかということを透徹した目で見ることの大切さです。

近江商人の教えに「三方良し」というものがあります。「売り手良し、買い手良し、世間良し」――そのことをより深く考えなければなりません。そうでなければ、この益がかえってあなたに災いをもたらす可能性すらあるのです。

また「好事魔多し」といって、良いことが起こると、そのことがかえって不幸の種をまくことにもなるのです。

頑張って栄光を手にした人が、何かの拍子に人の道を外れた行ないをして、人生の坂道を転げ落ちることもあったりします。

ですから、自分が得た利益については、**他人に「分け与える」**という「分福」の思想で考えることで、あなたの益のエネルギーが長続きするといえるのです。そして、人に何かを分け与えるときには、「公平さ」を重んじることが肝要です。配分を間違えると、とんでもない争いの種となってしまうため、気をつけたいところです。

43 沢《たく》天《てん》夬《かい》 ䷪

今が決断の時。勇気を持て。

この沢天夬の「夬」は「破れる」という意味であり、ちょうど堤防が決壊して水があふれだしている状況を指しています。これは**今こそが決断の時**だということを意味しているのです。

私たち人間は「1日先延ばし」という悪癖を持っています。「時が解決するだろう」というのも真理でありますが、この卦が出た以上、それは怠慢以外の何ものでもありません。勇気を持って決断しなければならないのです。失敗の予兆は得意の中に隠れています。組織や個人において、かつてうまくいった方法であっても、時が流れれば、当然時代も変わり、通用しなくなっていることも少なくありません。

しかし、そうはいっても、かつてうまくいった記憶が邪魔をして、なかなか改革に着手できなかったりします。慣習や前例を否定するなど、改革や決断にはさまざまな痛みが伴います。それでも、ときには「大を生かすために小を切り捨てる」「自分のメンツを捨て去って事に当たる」ことが求められますし、そうでなければ、もっと大きな痛み、大破局を招いてしまうでしょう。

松下幸之助の英断のひとつに、1964年の「熱海会談」というものがあります。当時、松下電器の全国の販売会社、代理店の売上が落ち、不満の声が噴出していました。そこで松下幸之助は、この機会に忌憚《きたん》のない意見交換をしようと、販売会社、代理店170社の社長を熱海に招集し、懇談会を開いたのです。

集まった出席者は、松下電器に対する不満をぶちまけたのですが、松下幸之助もまた壇上から出席者に「血の小便が出るほど苦労されたことがありますか」「もっと厳しい努力が必要と違いますか」といい、激しい議論は2日間に及んだといいます。

しかし、3日目の朝、松下幸之助は、「すべては松下電器に責任がある」と涙ながらに詫び、問題の解決を約束したうえで、会長職であったにもかかわらず、営業本部長の職務を代行、販売網を見事立てなおしたのです。

今までの方法を変えることに抵抗のない人はいません。しかし、それを**身を切られる思いで行なう**ことこそがさらなる発展へとつながっていくのです。沢天夬は「決断」「決心」「決行」の大切さを説いています。

44 天《てん》風《ぷう》姤《こう》

幸福は人との縁から生じる。出会いを大切に。

天風姤の「姤」は「思いがけない出会い」のことを指しています。

人生は縁によってできているといっても過言ではありません。たとえどんなに素晴らしい志を持って生きていたとしても、人との出会いと縁がなければ、物事は成就しません。出会うべき人に出会うという邂逅《かいこう》がなければ、九仞《きゅうじん》の功《こう》も一簣《いっき》にかいてしまうものなのです。

よく「引き寄せの法則」といって、本当に願うなら必要な人には必ず会えるといいますが、縁というものはそう簡単に自分の意志でコントロールできるものではありません。むしろ与えられるものだというのが真実に近いように思います。

この卦は、**大きく人生が変わるような出会い**、何らかの特殊な出会いが待っていることを暗示しています。しかもこの天風姤の出会いの中には、「甘言」が内包されている場合があるため注意が必要です。甘言とは、「甘い誘い」であり、なんとなく悪の香りが漂う言葉でもあります。

「うまい話」には警戒すべきです。人には自分をどこか特別視しがちなところがあります。客観的に見れば、全く不合理な話であったとしても、自分の欲得がからむと、なんでも良く見えてしまうことがあるのです。人でも、物事でも、「ビビビ」と来て、惚れ込むことがあると思いますが、あとで振り返ると、「どうしてあんなものにうつつを抜かしていたのか」と汗が額から吹き出すことも少なくないのではないでしょうか。縁というものは、必ずしも豪華な衣装を着て私たちの前に姿を現すとは限りませんので、**見た目にとらわれないことが大切**です。

素晴らしい幸福をもたらしてくれる人のことを「貴人《きじん》」といいますが、貴人との出会いには必ず、縁を結んでくれる人や出来事が介在しているものです。さらにその人との縁を結んでくれた人、そのまた縁を結んでくれた人との縁をたどっていくと、意外な人がキーマンとしてあなたの人生に大きく関わっていることがわかります。これこそが「縁尋機妙《えんじんきみよう》、多逢聖因《たほうしょういん》」の醍醐味なのです。

高い志を持ちつつ、良き出会いを願うなら、それが人であれ、出来事であれ、あなたに大きく役に立つ縁が立ち現れるはずですが、この天風姤が出たときには、特に道に外れた出会いには注意してください。

45 沢《たく》地《ち》萃《すい》 ䷬

人が集まるところに喜びが生まれる。

沢地萃の「萃」は「集まる」という意味を表しています。つまり、「お金」「情報」「賞賛」「愛情」「物」「人」……、いろいろなものが集まって華やかな状況が生まれているか、これから生まれる予兆があることを暗示しているのです。

パワースポットという言葉が流行った影響もあり、各地の神社などは大変な賑わいですが、何かが集まるというのは、良きにつけ悪しきにつけ、**そこにエネルギーが凝集されているから**ではないでしょうか。

この卦は、ただ浮かれていてはいけないことも教えています。かつてバブルが華やかだった頃、日本の地価は暴騰し、一時は日本の土地の値段でアメリカ合衆国が買えるとまでいわれたことがありました。しかし、バブルがいつまでも続くわけもなく、無惨にも日本経済は奈落の底に突き落とされることになったのは周知の事実です。

ある社長が、顧客を集めてパーティを開きました。日頃のお礼ということで300人あまりの人がホテルに招かれ、豪華な食事、賞品つきのゲームがあり、最後には高価なお土産まで用意されていたのですが、参加した人の多くに「この会社大丈夫か？」という疑念を抱かせる結果となってしまいました。人をもてなすことは、素晴らしいことですが、行きすぎるとかえって人の心に不信感を与えることにもなりかねません。

結局、その会社は半年後、突然倒産して、社長は行方をくらませました。きっと何かの歯車が狂ってしまったのでしょう。非常に魅力的な建物を建てていた会社だったので、とても残念に思ったことを今でも覚えています。

沢地萃の卦によって、そこから得られる喜びを喜びとして受け入れ、味わうことは問題ありません。エネルギーが集まるということは素晴らしいことだからです。

しかし、「過ぎたるはなお及ばざるがごとし」の教えのとおり、バブルに浮かれないことを肝に銘じるべきなのです。鴨長明の『方丈記』でも語られているように、人の離合集散《りごうしゅうさん》、富貴栄達《ふうきえいたつ》などは時の流れの中で、刻々と変化していくものであり、**一時の栄華に我を見失うのは愚か**なことといえるでしょう。

また、自分の夢を追いかけることも大切ですが、あれもこれもと手を出しすぎることはよくありません。「節度が必要」ということもこの卦は教えているのです。

46 地《ち》風《ふう》升《しょう》

䷭

天高く舞い上がれ。全力を尽くせ。

地風升の「升」は昇るということですから、あなたが今課題としているものは、これから**良い成果が出て、昇り龍のように進化していく可能性がある**ことが暗示されています。ですから自信を持って取り組むとよいでしょう。

知人の若手ＩＴ社長のお話です。この社長は志高く頑張ってきた結果、ついに新しい事業に取り組むことに対し、最終決断を下すところまで漕ぎ着けました。

私から見ても、社長のやりたいという思いは強く、また本人もやれる自信を持っているのですが、今までの事業をはるかに超える規模の取り組みでもあるため、慎重には慎重を期し、できる限りの情報を集めようとしました。

自分の腕一本で懸命に努力し結果を出してきた人ですので、それまで占いの願いとは一切縁がありませんでした。しかし、陽転易学の理念には共鳴するところがあったそうで、卦を出すことにしました。

そして、そのとき得られた卦がこの地風升だったのです。

彼は不退転の気持ちで実行を決断しました。地風升が出たからといって、今日明日に成果が得られるわけではありません。ときには思わぬ困難が待ち受けることもあるでしょう。しかし、腰を据えて、心の軸を保ちながら前進すれば、必ず道は開けてくるものです。

また、私たちが成功できるかどうかを判断する際、「時流に乗る」ということも大切な一要素だと私は考えます。時の流れをつかめれば、鬼に金棒です。

そして、その流れの中で、**攻めの気持ちを持ち続ける**ことが肝要です。無理はしてはいけませんが、自分自身の全力を尽くし、行けるところまで行くという強い気持ちがなければ、成るものも成りません。

自分が設定する限界は、真の限界に比べれば、低くなってしまいがちです。本当はもっともっとできるのにもかかわらず、かってに心にリミッターをつけてしまうという経験はないでしょうか。

慢心や過度の競争は慎まなければなりませんが、まっとうな志を持ち、自分の方向性に揺るぎない確信を持ち、なおかつ謙虚な姿勢を忘れず、毅然たる態度で進むなら、あなたは想像を超える成果を手にすることになるでしょう。

47 沢《たく》水《すい》困《こん》 ䷮

あるがままに受け止めよ。

沢水困は、四大難卦のひとつです（他は、穴に落ちた状況の「坎為水」、進むべき方向に大困難があり手足がすくんでいる状態の「水山蹇」、創業の苦しみの「水雷屯」）。

この沢水困は、**困惑している状況**を指しており、その原因が自分自身のこだわりや、傲慢さ、あるいは読みの甘さに起因している可能性が強いことを暗示しています。

対処法は4つ。1つめは、発生してしまった状況に対して「なぜこんなことになってしまったのか」とイライラするのではなく、**あるがままに受け止める**ことです。「これはこれでしかたがない。いや、これでいいのだ」と素直に開きなおるのです。

ある女性が、ご主人の仕事の関係で地方にあるご主人の実家に引っ越しをしたことに悩んでいました。次第に田舎暮らしがイヤになり、見るもの聞くものすべてがイヤになってしまったそうです。やがてご主人に対しても腹が立ってきて、「こんなはずじゃなかった」と嘆いていたとき出たのが、「沢水困」でした。結果、あるがままに受け止めると覚悟を決めたところ、イライラが一気に消失し、同時に田舎暮らしの良さが次々と見えてきたそうです。

つまり、「困」という状況は意識の中で起こっている現象ですが、それを良い意味で受け入れると全く違う世界が見えてくることを教えてくれているのです。

2つめは、自分自身の欲求レベルが高すぎるために困難に直面しているのではないかと考えることです。レベルを下げる、あるいは過信して進めていた部分を勇気を持ってやめる。そうすることによって困の原因が取り除かれる可能性が高くなります。

3つめは、困を「人生の学び」だと考えることです。中国戦国時代の孟子の言葉に「天がその人に使命を与えるときには、まず大きな困難を与える」とあります。つまり**困難に出くわしたら、自分の運命が良くなる前兆**であり、人間として大きな成長を果たせるチャンスなのだと考えることで、有り難い気持ちにもなれるのです。

4つめは、その困難さの中で何か解決できることはないかと探すことです。すぐに解決に直結する方法を見つけるのは難しいかと思いますが、一つくらいはできることが見えてきます。仮にそれが正解でなくても、できることを一つひとつ真心を込めて実施すると、いつしか解決への道筋が見えてくるものです。

沢水困に対しては、この4つの対処法で切り抜けていただきたいと思います。

48 水《すい》風《ふう》井《せい》

心を込めて繰り返すと、大きな果実が得られる。

水風井の「井」は「井戸」を意味しています。この卦が出たときには「今まで行なってきたことを心を込めて、繰り返し行なうこと。突拍子もないことに突然取り組んではいけない」と意識するとよいでしょう。繰り返し井戸の水を汲むイメージです。**反復こそが物事が成就する鍵**です。1回、2回できなかったからといって、すぐに諦めてしまってはいけません。

繰り返すことに対して、「退屈」「面倒」だと感じるかもしれませんが、繰り返すことで体と心に大きな変化をもたらすことが可能になります。勉強でもスポーツでも、素晴らしい結果は、反復練習の先にあるものです。

詩人のドライデンは「初めは人が習慣をつくり、それから習慣が人をつくる」という言葉を残しています。また『随想録』を書いたモンテーニュは「習慣は第二の性格である。第一の性格に比べて決して弱いものではない」といっています。

また、世阿弥は『花伝書』の中で初心ということについて述べています。初心というのは普通私たちが何かを始めるときの心構えであると考えられていますが、世阿弥は、芸事を始めて、数年が経過し、ある程度自分自身で納得がいき、その芸事のおもしろさがわかってきた瞬間のことを「初心」という言葉で表現しています。初めはただひたすら基礎を反復し教えを繰り返す。そしてやがて「よしいけるぞ」というところまでいく。そのポイントこそが初心なのです。

たとえば、新しいプログラムを開発するときなどは、誰もが最初は緊張しながら行なうことになります。そして、ある程度やっていると「よし」と確信を持つときが来るのですが、しばらくするとある種の「マンネリ化」が心の中で生じ、「まあこんなものか」という意識、傲慢さが湧きあがってくるのです。これではいけません。やはり、「マンネリ」といえる期間を超越して、心を込めながら繰り返していくことで、どんどんと深いレベルに到達し、さらなる大きな気づきが生まれるものなのです。

もうひとつ、この水風井においてはポイントがあります。繰り返すといっても、ただ漫然と繰り返すのではなく、**より良い状況を生み出すためにできる限りの工夫を行なう**ということです。そのことによって、より良い成果が生まれることになるでしょう。

49 沢《たく》火《か》革《かく》 ䷰

時は来た。新しい一歩を踏み出せ。

沢火革の「革」は「革命」の革であり、**旧弊を破って新しいことに取り組む時節の到来**を示しています。仕事であっても、プライベートな人間関係であっても、趣味の世界であっても、この沢火革は「行動と意識の変革」を要求しているのです。

私たちは、何か問題が発生したときに「お前のせいだ」と人のせいにしたり、「運が悪かった」「環境が悪かった」「時代が悪かった」と、何かのせいにすることがよくあります。リーダーの中には部下に対して「何度いったらわかるんだ」「少しは自分の頭で考えろ」と声高に叱責している人もいます。

しかし、よく考えると、「何度いってもわからない」ということは、何度いっても理解されない、あるいは相手に行動の変化を起こさせないような言い方をこちらがしているともいえるのではないでしょうか。

もし、あなたにとって今問題が発生しているなら、

「自分にその問題の原因があり、それを解決する力もある」

と考え、断固として行動の改革を断行していくべきなのです。

それには勇気が必要です。

私の知り合いに、不況のあおりを受けて事業に行き詰まり、自ら死を選んでしまった若手経営者がいました。もし彼に、今までの自分のやり方を思い切って変える勇気があったならばと残念でなりません。

人間関係においても「あいつのせいだ」とか「あいつさえ変わってくれれば」という意識が頭をもたげてくることがしばしばありますが、よく「他人と過去は変えられない。しかし自分と未来は変えられる」というように、**自分を変えることに注力すべき**なのです。

「鏡の法則」という言葉があります。人間関係においても、まず自分が変わることによって人間関係が変わるのです。人によっては「自分を変えることは、なんだか相手に負けたような気がして……」と思うかもしれませんが、そのことによって、あなた自身の状況が好転するなら、決して負けではないのです。

どんなささいなことであっても、勇気を持って改革に取り組んでください。そうすることで、**今の問題がかえって大きな飛躍のジャンプ台**になっていくでしょう。

50 火《か》風《ふう》鼎《てい》 ䷱

人の絆、志、多様性――3つを意識する。

火風鼎の「鼎《かなえ》」というのは、食べ物の煮炊きに使用する三本足の器のことを指しています。

日本ではあまり見かけることはありませんが、台湾の故宮博物院などでは数々の鼎を見ることができます。

この火風鼎のポイントは3つです。

1つめは、あなたが取り組む事柄に対して、「**人と強い絆と協力を持って行動せよ**」ということ。鼎は三本足であり、どれが欠けても、立っていることができません。ですから、ガタガタ揺れないよう3つの足でバランスを保つ必要があるのです。

つまり、あなたが今課題としてあげていることに対しては、自分を入れて「3人」ということをよくよく意識しなければなりません。仮に20人のプロジェクトであっても、100人規模の事業であっても、中心となる3人でスクラムをどのように組むかということが重要なのです。

2つめは、志の高さに心を向けよということです。「鼎の軽重を問う」という言葉がありますが、鼎というのは権力者のシンボルともいわれています。今あなたの持っている課題が、単に自分の欲求を満たすものではなく、「公」につながることであれば、より素晴らしい結果となるでしょう。

3つめは、鼎の本質的な機能についてです。この器は煮炊きをすることが目的。ですから、この器の中に、肉や野菜、調味料などを入れ、おいしい食事をつくることになりますが、本来、肉には肉の、野菜には野菜の本質があります。それらを融合させることでおいしい食事が創造できるのです。決して、本質同士が反目し合ったままでは、おいしい料理にはなりません。

つまり、**異質な人同士を良い形で融合させる**と、想像を超える結果がもたらされる可能性があるということです。また、今まで行なってきたことや、新たに行なうことが、一見すると関係がないように見えて、それを組み合わせると、予想以上の成果をもたらすこともあるでしょう。つまり、思考を柔軟にして新たな視点で見ることが、大きな成果につながるのです。

51 震《しん》為《い》雷《らい》 ䷲

何が起きても、心が定まっていれば大丈夫。

震為雷は、雷がガンガンと鳴っている様子、つまり非常に盛り上がっている状態を表しています。とするならば、これはあなたにとって、「よーし！　やろう！」と気分が盛り上がっている状態であるともいえますし、みんなで集まって、ワイワイ構想を練っている状態であるともいえます。

しかし、この卦は、**かけ声はよいが、実質が伴わない**状況であることを暗示しているため、注意が必要です。諺でいえば、「大山鳴動《たいざんめいどう》して、鼠《ねずみ》一匹」。

経営者の方から新事業に関するお話をお聞きすることがよくあります。カラフルで数字を駆使したパワーポイントの内容は素晴らしく、なんだか素晴らしい成果が出そうな様子です。しかし、よくよく聞いてみると、なんだか怪しい。結果として、ほとんどの事業が途中で頓挫するか、赤字に転落し、日の目を見ずに消えていきます。

これは決して他人事ではありません。私たちもついうっかりすると、自分が計画している事柄においても、震為雷が暗示しているような現象に陥ってしまいます。自分で自分の構想や考えに酔ってしまい、甘い考えのもと、行け行けどんどんでやってしまうことが震為雷の怖いところなのです。この震為雷が出た以上、一度原点に戻って、浮ついた気持ちになっていないか深呼吸をして、心を落ち着かせて対処しなければなりません。

また、この震為雷が出たということは、まさに雷鳴が轟くごとく**びっくりするようなことがいくつも起こる可能性**があることを暗示しています。

ある団体の理事長になるように依頼された知人がいました。その役を引き受けるかどうか迷っていた彼から相談を受けたため、卦を出してみると、震為雷でした。私は「たくさんの困難が待ち受けているかもしれないから、引き受けるなら覚悟を持ってやるべきだ」と彼に伝えました。予想どおり、彼は次から次へと難題にぶち当たりました。とにかく山あり谷ありで、当てが外れることがたくさん発生したのです。

しかし、彼は震為雷が出たことで覚悟を決めていたため、何が起こっても平常心で対応することができ、無事に任期を務め終えました。

雷がガンガン鳴り響いても泰然として対処するということを心に定め、一つひとつ不退転の気持ちで取り組むことが肝要だとこの卦は教えているのです。

52 艮《ごん》為《い》山《さん》

䷳

動かないことも肝要。
積み重ねることも肝要。

艮為山は、山が2つ重なっている卦です。山はどっしりとして動きません。この卦が指し示すメッセージは3つあります。あなたの置かれている状況と照らし合わせて、直感的に納得できるのはどれか、検討してみてください。

1つめのメッセージは、「**動くな**」ということ。やるべきかやらざるべきか悩んでいるなら、その場に止まってみるのです。私の友人にある投資話を持ちかけられた人がいます。エネルギー事業に関する投資でとても魅力的な話だったそうですが、話の中にいささか気にかかることがあったそうです。そのとき出たのが、この艮為山であり、彼は沈思し、その投資話を断念したといいます。結果的にその事業プロジェクトは頓挫することになり、彼は財を失わずにすんだのです。

2つめは「**塵も積もれば山となる**」というメッセージ。どんなに高い目標であっても、小さな一歩を積み重ねていくことで、はるかな高みへと到達していくものです。

かつて私も一度だけ富士山に登ったことがあります。日の出を見ようということで夜の9時から登り始めたのですが、いささか強行軍でもありました。8合目を過ぎたあたりから、高山病の症状である頭痛が出始めたのですが、友人と励まし合いながら、「一歩だけ進む」「一歩だけ進む」ということを呪文のように唱え、歩き続け、ようやく登頂に成功。「千里の道も一歩から」という言葉の意味を噛みしめた登山でした。

3つめは「**山また山への覚悟**」です。艮為山は山が2つ重なった卦ですから、「一難去ってまた一難」という状況を暗示しています。震為雷のときには、「えーっ」と驚くようなことが次々と起こってくるものですが、艮為山はもっと継続的に重たい現象が起こる可能性があります。

「そんなに大変ならやめる」というのもひとつの選択です。苦難は人生の試金石と考えることもできますが、回避できるなら回避するに越したことはありません。

しかし、苦難や試練が避けがたいものであるなら、それを真正面から受け止めて立ち向かうしかありません。

艮為山の卦が出たなら、あなたが今行なおうとしている課題と変卦を総合して、意識を集中して考えることで、必ず納得のいく方向性が見えてくるでしょう。

53 風《ふう》山《ざん》漸《ぜん》

功を焦るな。ゆっくりと進め。

風山漸の漸は「漸進」を意味しています。すなわち、「一つひとつ順を追って行なえ」「ぼちぼち進んでいけ」「あまり功を焦るな」「ゆっくり行け」ということです。

この風山漸は決して弱い卦ではありません。物事をゆっくり着実に進めていくことで、あるとき大きな飛躍が訪れることを暗示しているのです。その飛躍は、どれだけそれまでにエネルギーが内蔵されているかによって大きさが決まってきます。

そして、この「漸」の大切な意義は「プロセスを楽しむ」ということです。**一瞬一瞬を楽しむ心構えが人生を豊かにする**のです。人生に結果ばかりを求めても、最後はむなしさが残るだけなのですから。

サミュエル・ウルマンの詩を気に入った松下幸之助は、自分流に要約して「青春」という詩にしました。「青春とは心の若さである。信念と希望にあふれ、勇気にみちて日に新たな活動をつづけるかぎり、青春は永遠にその人のものである」――夢や目標は大きければいいというものでもありません。また、それが達成されることのみに価値があるわけでもありません。人生は旅そのものです。道に咲く花を愛でながら、出会う人との縁を楽しみ、その一つひとつの小さな成功を喜んでいくことに人生の醍醐味があるのです。

私は、お会いする方々にある提案をしています。それは「**人生から義務感をゼロにしよう**」という提案です。「そんなことは無理だ」と思われるかもしれませんが、「仕事をしなければならない」「子どもの世話をしなければならない」「掃除をしなければならない」と「しなくちゃ、しなくちゃ」といっている人生は幸福でしょうか。

では、どうすればいいのでしょうか。今まで「しなくちゃ」といっていたことを一つひとつ「しよう」に変換していくのです。そうやって主体的に意識を変えることで、人生は一変します。急に爽やかでやりがいのあるものに変わるのです。

私自身「人生から義務感をゼロにする」ということを実践する中で、イライラすることが少なくなったり、一見するとつまらなく見える物事の中から喜びを発見する機会が増えたりと、これまでよりも多くのやりがいを人生から得られるようになりました。

風山漸は、人生の味わい方を教えてくれる卦でもあるのです。

54 雷沢帰妹《らいたくきまい》

今一度、原点に立ち返れ。

雷沢帰妹は、「若い女性が嫁ぐ様子」を表しています。なんとなく華やかで楽しい感じがする卦ですが、そう簡単なものではありません。この卦は、結婚そのものが「誤解」「筋違い」をもとに成立している可能性があることを暗示しているのです。

急に「結婚」という言葉が出てきて驚いた方もいらっしゃるかと思いますが、『古事記』に出てくる天照大神の親であるイザナギ（男神）・イザナミ（女神）大神の話をもとに考えていきましょう。イザナミから「結婚しましょう」と声をかけて、2人は夫婦になったのですが、体に骨のない子どもが生まれてしまいます。驚いたイザナギ・イザナミの大神は天御中主《あめのみなかぬし》神《のかみ》にお伺いをたてました。そのときの答えが「女のほうから誘ってはいけない。男から声をかけなさい」というものだったのです。そこで、もう一度イザナギから声をかけて改めて夫婦になったというお話です。

人生においては「**ボタンの掛け違い**」というものがしばしば起こります。一緒だと思っていたお互いの気持ちが実は全く違ったということは少なくありません。話の最初で発覚すればまだいいのですが、最後になってお互いの意図がずれていることが判明したならと考えるだけでぞっとしてしまいます。原因は「思い込み」です。そうならないためにも、まずは相手の話をよく聞くことから始めなければなりません。

先日、ある人が事業のパートナーについて真剣に悩んでいたため、卦を出したところ、雷沢帰妹が出ました。はっとした彼は、パートナーの人とよくよく話しあってみることにしたそうです。その結果、実はいろいろお互いの思いが違うことがわかってきたため、事業のやり方や役割を大きく変えることにしたのです。

お互い善意で行動しているため、改めて相手に真意を問いただすのは失礼だと考えるかもしれませんが、**言葉というのは正確には伝わらないもの**です。伝言ゲームのように伝わっていないか、しっかりと確認し、修正していくことで素晴らしい成果が生まれるのです。

ボタンの掛け違いは相手がいない場合、つまり個人の意識の中にも生じる可能性があるため注意が必要です。「本音と建前」——自分自身の本心がわからない場合、「自分は本当は何を望んでいるのか」と追求しなければなりません。

この卦は正しい道に至る方法を教えてくれているのです。

55 雷《らい》火《か》豊《ほう》 ䷶

物質的な豊かさに惑わされてはいけない。

雷火豊は「豊かさ」を表しています。これからあなたの前途に素晴らしい豊かさの到来が暗示されているのです。運気は良い方向に進んでいます。自信を持って進んでいっていただければと思います。

この「豊」は「**物質的な富の増大**」を示しており、この豊かさのキーワードは、「物質の活用」です。

ときどき、貧しい生活をしているとばかり思っていたおばあさんが亡くなり、家を片づけていると、タンスから大変な額のお金が出てきたということを耳にすることがあります。お金とのつきあい方についてあれこれいうのは余計なお世話かもしれませんが、タンスの中にしまわれたお金はもともとないのと同じだと私は考えます。

経営者にもさまざまなタイプがありますが、その稼ぎ方よりも使い方のほうがその人柄が表れるということも少なくありません。

夜の街、ギャンブル、高級品に湯水のようにお金を使う経営者もいれば、慈善事業や社会的に意義のある活動に、何億とお金を使う経営者もいます。

この卦のポイントは「物質の活用」です。お金をどのように活用するのか、まずは自問自答から始めてみてはいかがでしょうか。

一時期、裕福な生活をしていても、あるときからお金が入らなくなってくるということもよくある話です。収入が減ったなら、生活レベルを下げれば問題ないのですが、多くの人は一旦手に入れた生活レベルをなかなか落とせません。そして、気がついたら借金まみれとなり、自分で生活を破綻させてしまうのです。

では、離れていく運気はどうしようもないのでしょうか。できるだけ持続させる方法はあると私は考えます。

ポイントは「知足」であり、手もとにあるものへ深い感謝の念を持つことです。せっかく与えられた「富」や「情報」を無為に散財してしまうのではなく、お陰さまでという**感謝のエネルギーに転換できれば、その運気は持続していく**でしょう。

その際、決して自分の力でそうなったと慢心してはいけません。そしてまた、見返りを期待するような我欲にとらわれた考えも持ってはいけません。

この雷火豊の卦は、豊かさの中の危うさを私たちに鋭く問いかけているのです。

56 火《か》山《ざん》旅《りょ》

䷷

孤独を恐れるな。道は開ける。

火山旅の卦は「ひとりで旅をする寂しさ」を表しています。そのように考えると、あまり良くない卦だと捉えがちですが、実はそうではありません。

もちろん、みんなでワイワイと進んでいく旅は楽しいものです。しかし、ピーター・ドラッカーも述べているように、決断を下すときのリーダーは常に孤独なものです。その孤独を受け入れ、たとえ多くの人から反対されても、自分の思いを信じて進んでいくのは大切なことです。

孤独に耐えられないとしたら、そこから撤退してもよいでしょう。しかし、この火山旅は**孤独を嚙みしめながら進んでいくと道が開ける**ということを教えています。

ガリレオ・ガリレイの地動説の例をあげるまでもなく、「芸術」や「科学」をはじめとする独創的な活動・発見は「孤独」からしか生まれません。あなたが抱えている課題が何かによってこの火山旅の理解は根本的に変わってくるのですが、自分の心と向きあって、真実の追求に没頭することが求められているのです。

自分の心と正面から向きあうためにもリーダーは忙しすぎてはいけません。あれやこれやと日常の瑣末な出来事で頭がいっぱいになってしまっては、もっと本質的なことに意識を向ける時間がなくなってしまうからです。

「緊急性が高くて重要なこと」「緊急性は高いが重要ではないこと」「緊急性はないが重要なこと」「緊急性もなく重要でもないこと」の4つのうち、「緊急性が高くて重要なこと」ばかりにとらわれてはいけません。本当に緊急性の高いもの、重要なことは意外に少ないにもかかわらず、私たちはいろいろなことをとりあえず、「緊急」「重要」と判断してしまいがちだからです。その結果、なんとなく緊急、なんとなく重要なことにすべての時間をとられることになってしまいます。

そうではなく、私たちは孤独と向きあいながら「緊急性はないが重要なこと」、また「緊急性もなく重要でもないこと」について思いを巡らせなければならないのです。

そこに意識を向けるとき、人生に大きな変革が訪れることになるのです。**時を忘れて没頭する**ことで思いもしなかった人生の扉が開かれていきます。

「人生は孤独だ」と失望するのではなく、孤独の旅の中に人生の醍醐味や仕事の価値があると考えるべきなのです。

57 巽《そん》為《い》風《ふう》

風に身を任せ、素直に従うこと。

巽為風は上も下も「風」の卦であり、風に吹かれるように大きな流れに身を任せているると、とても気持ちの良い結果が生まれることを暗示しています。つまり、この巽為風においては、自分自身がいろいろと思慮を巡らし、なんとか事を成就させようともがくのではなく、**状況に素直に従うことが肝要**なのです。

では、状況とは何でしょうか。それは「人」「情報」「環境」のことです。

あるとき、友人が恋愛のことで悩んでいました。気になる人がいるのですが、その人にどうアプローチしていいのか思案しているというのです。そこで卦を出してみようということになり、そのとき出たのがこの卦です。私たちは顔を見合わせ、あまり肩肘張らず気楽にアプローチしたほうがよいだろうと結論づけました。つまり、最初から「僕とつきあってくれますか」などという直球勝負はしないほうがよいということです。

彼は焦らずに、いろいろな巡りあわせに従い、結果、自然な形で彼女と一緒に食事をすることになり、まずは友だちからということで交際を開始したそうです。

次に巽為風が教えることは、「情報の収集」についてです。風は「情報の交錯」を表しているともいえます。この巽為風が出た場合は、今、取り組もうとしていること、取り組んでいることに対し、さまざまな情報を集めることが求められています。

ここで大事なことは、最初から「ずばりストライク」といえるような情報が集まるわけではなく、**試行錯誤している間に次第に定まっていく**と考えることです。そもそも風は東から西からといろいろな方角から吹いてきます。しばらくはいろいろ揺らぐことも、また良しなのです。書物やネット、知恵者……、いろいろなものから情報を集めることを楽しめば、最後には「納得」できる状態に落ち着くでしょう。

意識的に揺らぐことは問題ないのですが、あれやこれやと人の考えや出来事に振り回されることもあるので肝に銘じておいてください。ときには暴風雨になるかもしれません。そんなとき、どんどん進んでいってしまうと道に迷ってしまうでしょう。ですから、ときにはじっと身をかがめ立ち止まることも必要なのです。

あまり最初から理想状態ばかりを気にせず、楽しく情報を集め、流れに気持ち良く身を委ねてみると、やがて納得する方向性が見えてくるでしょう。

58 兌《だ》為《い》沢《たく》 ䷹

人生の喜びは、心通じる会話から生まれる。

この卦においては、沢が2つ重なっています。「兌とは喜びなり」といわれるように、この卦は**喜びや楽しさを象徴**しているのです。

これからあなたには喜びがあふれてくることが暗示されています。「朋《とも》遠方より来《きた》るあり。また楽しからずや」と『論語』にあるように、これは「友と心を割って話せる」ことに対する喜びです。

つまり、この卦では人と人とが心を通じ合わせることを目的とするときに、素晴らしい感動が生まれてくることを表しているのです。それは、触れあいと絆から生まれる喜びであり、決して形や物質的な富に対する喜びではありません。

我が家には、たくさんのお客さまがいらっしゃいます。さまざまな分野の達人たちがいらっしゃるのですが、夜中まで続く語らいによって、その人の素晴らしい人生に触れることができ、こんなに楽しいことはないといつも感じています。

「コミュニケーション」というのは、もともとラテン語の「コミュニカティオ」が語源になっているそうですが、その意味するところは「一緒にご飯を食べる」「分かち合う」「響き合う」ということらしいのです。

「人はパンのみにて生きるものにあらず」という聖書の言葉を持ちだすまでもなく、私たちは「良き言葉」によっても生きるものなのです。

それは相手を尊重する言葉でもあります。そして、相手を褒める言葉でもあります。褒められて怒る人はいません。自分の話に真剣に耳を傾けられて嫌になる人もいないでしょう。マズローの欲求五段階説にもあるように、人は相手から認められるときに自己尊重感を持つのです。

兌為沢のポイントは、**「その事柄を楽しめ」**という点です。楽しい会話をしようとする。相手の話をよくよく聞こうとする。相手の美点に注目して褒めようとする。そして、自分を褒めようとする。そのことが大切であり、今の一瞬一瞬を愛し、楽しめということなのです。

その際、あまり強欲を持たず、いまここでのひと時が豊かであればよいという構えでいることが肝要です。

59 風《ふう》水《すい》渙《かん》

䷺

問題が解決するが、ときに大切なものも失う。

「渙」は「水が流れ散る」ことを表しており、この卦は**「吉」か「凶」か、捉え方次第で全く反対の方向を指し示す**ことになります。水に流れるのですから、今まで抱えていた問題が水に流れて、きれいさっぱり解決するということの暗示ともいえます。

建築関係の会社を経営している知人が、会社の人事のことで悩んでいたときのことです。具体的には、ある部署の部長個人にいろいろな問題があり、別の人にしたいのですが、なかなかすぐに替えるわけにもいかない……、そのような悩みを抱えていたのです。

そして、思案にくれていたときに出た卦が風水渙でした。この卦を見て彼は、この問題についてしばらく考えることをやめ、運を天に任せてみようと思ったのです。その結果、1週間後、部長自ら「一身上の都合で会社を辞めたいのですが、いいでしょうか」というではありませんか。期せずしてその問題は解決してしまったのです。

このように風水渙は、あなたの悩みが「散ずる」こと、つまりパッと視界が開けていく未来が待っていることを暗示しているとも捉えることができるのです。

しかし、この卦が出たときに、喜んでいればよいかというと、そうではありません。この渙は「人」「物」「情報」が「散じてしまう」ことも表しているからです。

占断をする際、以上2つのどちらになるのか、よくよく検証する必要がありますが、当の本人は直感的にわかってしまうものです。そして、どちらにしろ、そのとき「終わったこと」が何かの始まりになったり、何かの不幸や困難が次のステージを用意してくれたりすることが、しばしばあるということを忘れてはいけません。

風水渙が出た際、そして特に「凶」と思われる際、**忘れてはいけないのが「覚悟」**です。たとえ逆境となろうとも「これも人生の勉強」と割りきって、腹をくることで、新しい芽が出てくるのです。そして、諦めるのではなく、事実と向きあい、集中して事に当たり、被害を最小限に抑えるための努力をしなければなりません。風水渙においては、解決するための具体的な提言は出てこないのですが、以上のことに留意し、懸命に努力を重ねることで、道が開けてくるのです。

そして、渙が「吉」であっても、「凶」であっても、もっと大きな視点に立ち、「すべて良し」と考えるべきなのです。

60 水《すい》沢《たく》節《せつ》

䷻

節のない人生はおもしろくない。
節を味わおう。

水沢節の「節」は「節度」であり、「節制」「節目」「時節」のことを示しています。この水沢節が出たときは、次の点を意識すると吉です。

まず1つめが「節度」。これは**「足る事を知る」**という精神であり、強欲はいけないということです。また、結果を一足飛びに求めることもよくありません。一つひとつ段階を踏んで進んでいくべきなのです。そして、この水沢節にはその一つひとつのプロセスを深く味わえというメッセージが隠されています。

2つめが「節制」。私は、脳のメカニズムを使った「ダイエット講座」を主催しているのですが、3カ月のプログラムの中で、受講生の方々がどんどんダイエットに成功していきます。ダイエットの手法はさまざま存在しますが、ダイエットということを突きつめてみれば「摂取カロリーから消費カロリーを引いたモノがマイナスになれば痩せる」といえるのではないでしょうか。

ではなぜ、痩せられないのでしょうか。問題は「食欲」というエネルギーに支配されることです。結果、脳が食欲を抑えることを「苦痛」と判断してしまう。つまり、逆に「節制」を我慢ではなく「快感」であると脳が捉えたなら、自動的に痩せていくはずです。

節制を「激しいこと」「不可能なこと」と感じるのではなく、静かに長く心の中を制御してみましょう。これが漢方薬のように人生を徐々に大きく変えていくのです。

3つめが「節目」「時節」。旧暦では太陽暦の2月4日頃に1年が切り替わります。太陽暦では、1月1日に年が明けます。実際には地球が太陽のまわりを1回転しただけであり、昨日と今日で何が違うというものでもありません。しかし、人はそこに人生や時代の節目を見て、新たな気持ちで人生をスタートしていきます。

つまり、今起こっていることを、**何らかの意味で自分の人生の節目と捉える**ことが肝要なのです。沢火革のような大きくて、目に見える改革でなく、見た目にはさほど変化がないように思えることを、何らかの節目として捉えると、そこから新たな状況が生まれてくるのです。

節は別名「節《ふし》」であり、その部分に力がこもっているとも捉えることもできます。そして、その節が次の成長を生み出す原動力となるのです。

61 風《ふう》沢《たく》中《ちゅう》孚《ふ》

䷼

正しければ通る。真心を優先せよ。

「中孚」――あまり聞き慣れない言葉ですが、これは「誠の卦」といわれています。『易経』ではしばしば「正しければ通る」というように、誠の重要性が説かれていますが、なかでもこの卦は「誠」というものそのものに焦点が当てられています。

幕末の志士・吉田松陰は、

「至誠にして動かざるもの未だこれあらざるなり」

という孟子の言葉を好んで使いましたが、誠には大きく分けて3つの意味があります。

1つめが「**正直さ**」。正直というのは、より自分の本心に近い状態のことです。私たちは、世間を渡る際、どうしても本心を隠して事に臨むことになります。それが世知というものであり、誰もが本心をむき出しのまま生きてしまっては、たちまち社会は成り立たなくなってしまうでしょう。

しかし、風沢中孚は、事に臨んで、自分の本心にとことん忠実であれということを伝えています。そのため、もし、あまり気が進まない事案であれば、やめるということも選択肢に入ってくるでしょう。つまり、せっかく実行するのなら、本音に寄り添ったものだけを実行せよということを暗示しているのです。

2つめが「**相手に対する誠実さと真心**」です。これは、今あなたが抱えている課題が誰の喜びにつながっているのかを意識せよということです。何万、何十万、何百万もの人が喜ぶものでなくてもいいのです。たとえ少数であっても、誰かが「ありがとう」と喜びと感謝の心を持つことができたなら、あなたは徳を積むことができ、あなたの人生は好転していくでしょう。まさに「情けは人のためならず」なのです。

そして3つめが「**一心不乱の情熱**」。私たちは事に当たって、ある程度まで頑張ったあとに、最後の最後で「まあこんなもんでいいか」と気が抜けたようにアクセルから足を離すことがしばしばあります。そうではなく、目の前のことに没頭するというのが、そのものに対する最高の誠実さなのです。「最善の上にも最善」でなくてはならないのです。これでよいということではなく、最後の最後までやりきる精神こそが、事を成就させる秘訣なのです。

以上3つのことを風沢中孚は教えています。

62 雷山小過《らいざんしょうか》

䷽

アクセル全開で進め。いい結果が出る。

「小過」は、「少し行き過ぎている」状態を表しています。この卦は、あなたの置かれている状況によって、全く真逆の教えを示すことになります。

「少し過ぎる」ということは、あなたが今何かに躊躇《ちゅうちょ》していたり、あるいは遠慮しているとするならば、打たれるほどに出る杭となれ、つまり、「もっと積極的に行なえ」というメッセージになります。少し厚かましいくらいに、自分の思いを行動に移せということです。

何かをやる前にいろいろ考えを巡らせすぎて、結局、自分で自分のブレーキを踏んでしまっていることはないでしょうか。

行動した結果、仮に誰かに批判されたところで、大局から見れば大した問題ではありません。人生においては些事ともいえるでしょう。失敗したとしても、命まで取られるわけではないのです。

つまり、**思いきって進んでいくと良い結果が得られる**ことをこの卦は伝えているのです。

しかし、先述したとおり、この卦は真逆のメッセージを含んでいます。もし、あなたが今何かに対して少しやりすぎていることが問題の原因であるなら、それを**潔く認め、自重する**ことが肝要です。

また、この卦は何らかの「過失」が発生していることを暗示していると同時に、過失が生まれる危険性があることをも伝えています。

もし、そうであるなら、過失の部分を早急に取り除くと同時に、あなたが何かを始めようとするなら、「まあなんとかなるだろう」という安易な気持ちで始めるのではなく、細部をよくよく点検して始めるべきであることをこの卦は示しているのです。

目標や願望そのものが、いささか高望みである場合も少なくありません。そうした場合は、「知足安分《ちそくあんぶん》」に徹することです。そうすることで、うまくいく可能性が広がるでしょう。

2つのうち、どちらの意味が表れているかを知るには、今のあなたの状態を素直な心で考察する以外に方法はありません。雷山小過はあなたの状況に応じて、全く逆のアドバイスを暗示するという珍しい卦なのです。

63 水火既済《すいかきせい》

䷾

物事が成就する。次の目標に向かおう。

水火既済は「既に済む」、つまり、物事が成就する様を表しています。何かが実現したり、完成することを暗示しているのです。その意味でうれしい卦だといえます。そして、この水火既済はもうひとつ重要な教えを説いています。それは「**夢の実現は必ずしもその人間の未来に良きものをもたらすかどうかわからない**」ということです。世の中を見渡してみると思いあたることがあるのではないでしょうか。たとえば、素晴らしい活躍や偉業を成し遂げた人が、競技生活を終えたあと、人生の坂道を転げ落ちてしまうことも少なくありません。

なぜそのようなことになるのでしょうか。その理由は2つあります。

1つは、人間の傲慢さ。ある瞬間の輝きにもかかわらず、「自分は他人とは違う。偉い人間だ」という意識にとらわれてしまえば、人心は離れていくでしょう。

2つめが目標の消失です。人間の心がワクワクするのは「夢に向かって本気で進んでいるそのとき」です。夢の達成はそのワクワク感の消滅を意味しています。

成功や栄誉を手にして盛り上がったあとに、何ともいえない寂しさが心を襲う。自分では夢の実現だと思っていたのに、むなしさが心を覆う……。水火既済は、**物事の実現の裏に隠された虚無感**にも光を当てているのです。

ではどう考えたらよいのでしょうか。ポイントは3つです。

まず、目標設定する際、我欲ではなく、人の喜びを考えること。そのことによって、達成の虚無感は払拭されます。

次は「感謝の心」を持つことです。自分の目標の実現に対し、それを支えてくれた人へ感謝の念を強く抱くと同時に、その気持ちを具体的に表現してください。

そして、さらなる夢や目標をあらかじめ設定することです。その目標は「さらに大きなもの」である必要はないと私は考えています。とにかく何も考えずメダルを取ることに意識を向けることが悪いわけではありませんが、これでは終わった瞬間に燃え尽き症候群になってしまう可能性が高くなります。次のステップの目標を前もって設定しておけば、競技生活を終えても豊かな人生を歩めるでしょう。

この3つを意識することで、真に価値のある物事を成就させ、達成感を味わえるのです。

64 火水未済《かすいびせい》

䷿

人生に「これでよし」はない。とどまるな。

火水未済の「未済」は「未だ済まず」ということですから、物事がなかなか成就しない様子を表しています。いわゆる「**未完成**」の状態です。

本来、この六四卦の最後を飾るのですから、「良かったね」という卦で終わってほしいのはやまやまですが、易の作者は最後を「つづく」の卦で終わらせています。

つまり、私たちの人生も世の中も変転きわまりなく、「これで完成」ということはありません。いつまで経っても螺旋《らせん》状に時代は移り変わっていくということを、火水未済は教えているのです。

とどまるところがないということは、ある種、傲慢さに対する戒めでもあり、またどんな苦境も変化していくという救いでもあるのです。

さてこの卦が出たときには、どのように解釈したらよいのでしょうか。

物事はそう簡単には成し遂げられない、そのような可能性があることを示しています。

努力してもその努力に見合う結果がすぐには現れないということです。「天の時」や「時流」が欠落しているといってもいいのかもしれません。

この卦が教えることは次の4つです。

まず、功を焦って無理をしないこと。「うまくいかなくて当たり前」「気長にいこう」と腹をくくることが肝要です。

次にプロセスを楽しむこと。仮にゴールまで到達できなかったとしても、「学ぶ」という姿勢さえあれば、必ずさまざまな気づきがもたらされるのです。

3つめは最後までやり抜くという気概。エジソンは電球を発明したときに何度も失敗したといわれていますが、その間も自暴自棄にならずに、「1回失敗するごとに正解に近づいている」と考えたそうです。

4つめは「目標の変化」。実はノーベル賞を受賞した研究者の中には、当初設定したテーマとは違ったテーマで受賞した人が少なくないといいます。これは、「セレンディピティ」「偶然の幸運」といえるものかもしれません。

したがって、ある事柄に対し、「火水未済」が出たからといって、悲観することはありません。ひとつのことを**心を込めて行なえば、新たな道が必ず見えてくる**のです。

終章

易が教える開運十徳

易はいつもあなたの背中を押してくれる

単に「こうすれば簡単に儲かる」とか「成功のための○○法則」というものではなく、人生のさまざまな局面で**「どのように考え、どのように対処すべきか」について の道しるべを示してくれる**――それが易のおもしろさ、奥深さであり、数千年にわたって、人々を魅了してきた理由だと私は考えています。

本書の目的は、「通読すること」ではありません。本書を通じて、あなたの人生の諸問題に光をあて、前に進むために背中をぐいっと押してくれる推進力を得ることができたなら、本書はあなたにとって存在する価値があったといっていいと思います。

こちらが静かな心で問いかけるなら、易は静かに、そして力強く私たちに語りかけてくれます。

「**必ず道は開ける**」「**勇気を持って進め**」と。

易はその折々において、不思議と明確で的確なメッセージを送ってくれるのですが、最後に、人生を開くための「十の徳」についてお話ししたいと思います。

第一＝陽転思考の徳

易はすべての物事が「永遠に流転」していくことを教えています。すべては変化し続けます。「陰きわまれば陽になり、また陽きわまれば陰になる」――これでおしまいということがありません。

したがって、**どんなに困窮したとしても、その中に「陽の力」が潜在している**のです。

幕臣として活躍した山岡鉄舟は、

「晴れてよし、曇りてもよし富士の山、もとの姿はかわらざりけり」

という言葉を残しています。

たとえ今私たちの人生が思うように進まなかったり、また一見不運に思えるような事態に見舞われていたとしても、心を曇らせてはいけません。

明るく愚痴をいわずに生きていくとき、天地の大きな気が体内に巡ってくるといいます。

私たちは気をつけていないと、ついついマイナスの言葉と意識にとらわれてしまいます。「できない」「難しい」「嫌だ」——知らず知らずのうちにマイナスの言葉をつぶやき、自分の潜在意識を曇らせているのです。何が起こっても強い心で対峙《たいじ》するというのは難しいことかもしれません。

しかし、意識し続けることで確実に何かが変わります。意識し続けることで意識の習慣が変わり、それが運命すらも変えていくのです。

「人生に起こるあらゆる出来事をあるがままに受け止め、感動と感謝の心を持って明るく生きる」という陽転思考的生き方をすれば、人生が大きく転換していくでしょう。

第二＝多聞多見《たもんたけん》の徳

松下幸之助は「衆知を集める」ことの大切さをしばしば説いていました。どんな天才でもひとりでは何もできません。人の意見や考えに静かに耳を傾けることが肝要です。易を勉強していると、「大人《たいじん》を見るによろし」という文言によく出合います。

これは**「智慧ある人の言葉をよく聞け」**ということです。判断力というのは本当に千差万別なもので、私たちにとっては大変困難な問題でも、別の人にとっては全く簡単な事柄であるということが少なくありません。また、個人の判断、思い込みで間違ったことを繰り返し繰り返し行なっていることも多いでしょう。

一段レベルの高い人から見れば当たり前のことかもしれませんが、そうではない人にとっては難しいものなのです。

私は卓球を愛し、いそいそと練習に励んでいます。そして、コーチから一言アドバイスを受けると、いつも目から鱗がボロボロと落ちるのです。自分ではとうてい思いつかないことを教えてくれることに、毎回驚き、感謝しています。

人には見えない「盲点」が存在しているのですが、私たちは生きていく中でいくつもの「盲点」に出合います。どんなに見ようと思っても、自分では見ることができません。

ではどうすれば見えるようになるのでしょうか。

人に聞くしかないのです。「聞くは一時の恥、聞かぬは一生の恥」という言葉のとおり、聞かなければ道は開けません。

易の教えには、しばしば他者の智慧に耳を傾けることの大切さが登場します。「聞くこと」「聞く力」が人生の扉を開くことを何度も何度も私たちに教えているのです。

第三＝志の徳

「志あるものは事ついに成る」といわれます。思いがあれば道は開くということです。陽転易学では「未来はどうなるか」ということを問いかけません。**「どうなるか」よりも「どうするか」「どうしたいのか」**ということのほうがより重要だと考えるからです。

「思いが強ければ実現する」
「思いが弱ければ実現しない」

この当たり前のことを無視して、未来がどうなるかということに思い悩んでいても、何も起こりませんし、何も変わりません。

そして、易においては、「思えばなんでも叶う」ということをいっているのではありません。ただの我欲では大成しないことも、「公徳」に従っていることにおいて、その思いは通じるということを伝えているのです。

「志善なりや、私心なかりしか」

と深く自らに問いつつ、一旦心が決まれば、「うまくいくかどうか」ということは問わず、全力を尽くしていくべきなのです。自分で正しいと思うのなら、何をためらうことがあるでしょうか。

事の「成功」「不成功」を気にしている段階ですでに負けているのです。

「どうなったとしてもやりたい」と強く思うなら、あらゆる結果はあなたの人生にとって大きな気づきと成長をもたらすことになるでしょう。

第四＝知足の徳

易では、どんなに素晴らしい卦であっても、「驕るなよ」ということを教えています。人間の失敗の多くは、欲望の暴走が原因だからです。

「陽きわまれば陰に転ずる」という真理が易経で説かれているように、驕ってしまえばすぐに失敗するでしょうし、もし、**今与えられているものの中で足ることを知って満足したなら、多くの失敗は防ぐことができる**でしょう。

「欲望は海の水に似て、飲めば飲むほど、持てば持つほど、喉が乾く」という箴言《しんげん》があるように、人の欲望には際限がありません。ですから、易においては、特に調子が良いとき、調子に乗りすぎるなということを何度も教えているのです。

釈尊も中庸の徳を説いていますが、あらゆる物事は、バランスで成り立っており、行きすぎてしまっては禍根を残すことになります。

日々の中でこの「足るを知る」を意識することで、心の平安を得ることができるのです。

第五＝謙虚の徳

「謙虚」は「知足」と同じ意味を持っていますが、特に**自分の力を誇らない**ことを指しています。慢心したなら、たちまち堕落して、滅んでしまうでしょう。

ですから、成功したときこそ、

「運が良かった」

「周囲の人のおかげだ」

「ちょっと間違っていれば、失敗していただろう」

「浮かれることなく、着実に進めていこう」

というように、慢心せずに、気を引き締めて事に当たることが肝要なのです。

もちろん、自分の力を信じることは素晴らしいことです。しかし、誇ることも度がすぎると不思議なことに人は転落していきます。まさに「驕れるものは久しからず」であり、**運気とは謙虚さによって持続していくもの**なのです。

第六＝幸運の徳

これは自分自身のことを「運がいい」と確信して生きる人は、良い人生を送ることができるということです。

「運がいいのか、悪いのか」――これは一概にはいえないものです。

しかし、**運がいい人にはある特徴がある**と私は考えています。うまくいっているときは自分以外のものに感謝し、うまくいかないときはそのことを「ありがたい」と感じ、大難が小難ですんだと喜び、きっとこれはもっと素晴らしいことが起こる前触れであると感じる……。

反対に、運が悪い人は、うまくいっていないときには、この不運がずっと続くと思い、またうまくいっているときには「これは悪いことが起こる前兆である」と不安になったりするのです。

要は「**心ひとつの置き所**」なのです。

とにかく自分自身のことを**「私は運が強い」と信じる**ことが肝要です。そうすることで、あなたの毎日が運の良いことで満たされると同時に、ますます運の良いことを引き寄せることになるのです。

本書を読んでいる読者の方は、「本書に出合えた私は本当に運がいい」と信じることから始めてはいかがでしょうか。

第七＝歓喜の徳

脳科学を勉強していると、脳の年齢というのは、「喜べる意識」「感動力」で決まるのではないかと思えてきます。

記憶の入り口のことを「海馬《かいば》」というのですが、その横に「扁桃体《へんとうたい》」という器官があるといわれています。この扁桃体は感情が動くとプルプルと震え、そのことで情報がズバッと頭に入るそうなのです。

人生の一つひとつの出来事に**感情を動かし、喜びの心で味わう**。ときには辛いと感じることでもしっかりと味わうことで、そこに人生の妙味が見えてくるのです。脳の若さとはそういうものなのだと私は考えています。

第八＝三省の徳

書店の三省堂の「三省」というのは『論語』にある「我、日に我が身を三省す」という言葉が由来だといわれています。

三度というのは「幾度も」という意味で、**反省することの大切さ**を説いているのです。

では、後悔と反省の違いはどこにあるのでしょうか。

後悔はしてもしかたがないことです。なぜなら、どんなに後悔しても過去は変えられないからです。

しかし、反省はぜひ行なうべきものです。なぜなら**未来のためだから**です。易は何度もこの「反省」を促しています。反省することによって、自分自身の妄念を打ち破り、正しい道に進んでいくことができるからです。卦を出すことはこの反省をする絶妙の機会ともいえます。

後悔してしまうと心は重くなりますが、真の反省をすると、たちまち心は軽くなります。そして、未来に光を見ることができるようになるのです。

第九＝有縁の徳

「縁尋機妙《えんじんきみょう》、多逢聖因《たほうしょういん》」という言葉があります。

森信三先生が「この世の中で出会うべき人には必ず出会う。しかも一瞬早くもなく一瞬遅くもなく出会う」とおっしゃっているように、出会いというのは本当に奥深く、不思議なものなのです。

たとえ出会ったそのときには出会いの意味がわからなくても、あとになってその縁の意味が明らかになることはよくあります。

なんだか最初からその出会いが仕組まれているような気さえすることもあります。出会いが偶然なのか必然なのか、私にははっきりとはわからないのですが、人の人生が出会いの善し悪しによって左右されていくことは間違いないように感じています。

また、出会いというのは人との出会いに限らず、「出来事」との出会いも当然含まれます。仕事との出会い。趣味との出会い。家族との出会い……さまざまな出会いの中で、それを深い感謝の心で受け止めていくときに、人生はとても豊かなものになっていくのです。

生きていると悲惨な体験に見舞われることもあるでしょうし、どうして自分の人生にこんなことが起こったのだと自分の運命を呪うこともあるかもしれません。

しかし、その**一つひとつの出来事に自分なりの縁を感じて生きていく**と、それは運命の大河となって私たちを豊かな人生へと導いていくのです。

ひとつの因が縁と結びついて果を生み出し、またその果が因となり、次の果を生み出す……。無限の連鎖の中で人生劇場は繰り広げられていきます。その人生の主役は他でもない「あなた」なのです。

第十＝倫理の徳

心を透明にすることは人生に大きな福をもたらします。

反対に、心にわだかまりがあると、人生びくびくしながら生きていくことになります。

六根清浄《ろっこんしょうじょう》、すなわち視覚、聴覚、嗅覚、味覚、触覚に意識を加えた六根を清浄にすることで初めて、人生が開けていくのです。

平成25年、伊勢神宮では式年遷宮があり、米の座《くら》から金の座にお社が移動しました。また新しい時代が始まったのです。神道では、心に巣食ったわだかまりを払い、瑞々しい魂に生まれ変わることを「みそぎ」といいます。

先述したように、神道のご神体は鏡です。鏡というのは自分が映るものです。そして「かがみ」という言葉は、真ん中の**「我《が》」をとることで「神《かみ》」になる**と聞いたことがあります。

私たちの心の中には、神のような存在と邪《よこしま》な存在が混在しています。しかし、自分の心の羅針盤を少しでも清浄なものにしていけば、人生は今よりももっと輝くでしょう。

易は、「正しければ通る」と何度も語りかけます。たとえ苦悩の真っ只中であったり、困難を伴うものであっても、**誠の心で考え、行動するなら、明るい道が開けていく**のです。

易が教える十徳の実践によって、揺るぎない、素晴らしい人生の確立が可能となり、私たちは「立命」に到達できるのです。

陽転易学――未来はあなたの手の中にある!

本書は、まさに「実践してなんぼ」の書といえます。棚の中でほこりをかぶっているようでは、何の意味もありません。

まず、自分が抱えている問題を心静かに見つめてみてください。そして、問題の所在を突きつめて考えてみてください。

次に、その問題の中で自分の力で変えられないものと、変えられるものをはっきりと分けてください。自分の力で変えられないものは、勇気を持って「受け入れる」のです。

そして、自分の力で変えられるものは、あらゆる可能性を見つめながら、実行してください。

人生において易の出番は、大きく分けて2つあります。

1つは自分が「よしこれをやるぞ!」と心の中で決定したとき。「どうすれば、素晴らしい結果となるか」「どんな心構えで取り組んだらよいか」と聞くのです。そうすると、**不思議とその問題にぴったりの卦が出て、何をしたらよいのかがわかる**のです。

もう1つは、いろいろ考えたあげく、右に行ったらよいか、左に行ったらよいか思案にくれたとき。そのときには、卦によって出た答えが「どんなものであっても後悔しない」という覚悟のもとに行なうのです。

一番よくないのは、卦が「右」の方向を指し示しているのに、「やっぱり左にしよう」と思うことです。それなら初めから卦など出さないほうがいいのです。そんなことでは百害あって一利なしです。

本来、卦は本卦が課題そのものに対してのメッセージであり、変卦は、本卦に対して、そうなる可能性があるということを指し示すことになります。

しかし、必ずそうなるというわけでもないのです。意識によって未来は変化します。そして、その変化の相は無限に存在するからです。

易を上手に活用して、あなた自身で、あなたにとっての素晴らしい人生を創造していってください。あなたの未来はあなたの手の中にあります。

すべての事柄は、あなた次第なのです。

本書は、ＰＨＰ研究所より刊行された『最高の人生教科書易経』を、文庫収録にあたり再編集のうえ、改題したものです。

小田全宏（おだ・ぜんこう）
一九五八年、滋賀県生まれ。東京大学法学部を卒業後、公益財団法人松下政経塾に入塾。
松下幸之助の人間学をベースにした人材育成活動を開始。以来「陽転思考」を中心とした講演や研修活動を全国で展開する。現在は、社会教育家として幅広く人づくりに尽力すると同時に、日本の素晴らしい心を世界に発信する活動を推進中。株式会社ルネッサンス・ユニバーシティ代表取締役。一般社団法人ジャパン・スピリット協会代表理事、認定NPO法人富士山世界遺産国民会議運営委員長。NPO法人日本政策フロンティア理事長。真言宗弘法寺管長。

知的生きかた文庫

人生《じんせい》の迷《まよ》いが消《き》える　易経《えききょう》

著者　小田全宏《おだぜんこう》
発行者　押鐘太陽
発行所　株式会社三笠書房
〒一〇二―〇〇七二　東京都千代田区飯田橋三―三―一
電話〇三―五二二六―五七三四〈営業部〉
〇三―五二二六―五七三一〈編集部〉
https://www.mikasashobo.co.jp
印刷　誠宏印刷
製本　若林製本工場

ISBN978-4-8379-8873-1 C0130